끌려다니지 않는 인생

끌려다니지 않는 인생

마침내 원하는 삶을 발견한 사람 이야기

라파엘 조르다노 지음 | 김주경 옮김

레드스톤

차례

제1장

이상한 나라의 클로드

1

빗방울이 점점 굵어졌다. 와이퍼가 삐걱거리며 유리창을 긁는 동안, 나는 핸들을 꽉 움켜쥔 채 끊임없이 내 마음을 긁어댔다. 잠시 후 하늘이 새카매지면서 거센 비가 집중적으로 쏟아지기 시작했다. 가속 페달에서 발을 떼고 속력을 늦췄다. 오늘 무슨 날인가? 세상이 나한테 왜 이렇게 모질게 굴지? 똑, 똑, 똑! 저기요, 하나님? 노아 할아버지? 이건 뭐죠, 갑자기 웬 홍수인가요?

조금씩 어스름이 깔리고 있었다. 나는 교통 혼잡을 피하기 위해 숲을 가로지르는 작은 샛길로 들어섰다. 꽉 막힌 도로에서 자동차들 사이에 끼어 금요일 밤을 보내는 건 말도 안 되는 소리니까! 하지만 좋은 선택은 아니었나보다. 좁은 숲길, 알 수 없는 도로 표지판을 보며 머리에 쥐가 나도록 암호 해독을 하는 동안에도 하염없이 퍼붓는

폭우는 나의 혼란을 가중시켰다.

'오, 이런.'

이 정도론 부족하다는 건가? 빽빽한 거대 나무 숲길로 들어서자마자 내비게이션이 더는 나와 함께 항해할 생각이 없노라고 선언했다. 변덕스레 즉각적인 이혼을 선포하는 테크놀로지의 냉정함이여! 나는 더 가고 싶은데, 그는 무조건 여기서 멈춰야만 한단다.

인적 없는 산길, 내비게이션이 완전히 먹통이 되어버렸다. 이로써 내가 있는 이곳은 아무 데도 아닌 장소가 되었다.

'젠장! 빌어먹을 부장 때문이야!'

지도에도 제대로 나오지 않는 이 길을 가야만 하는 이유는 중소기업들이 모여 있는 작은 복합단지 때문이었다. 그리 돈벌이가 되지 않을 것 같은 곳이지만, 부장이 보기에는 내가 굳이 찾아가야만 할 '잠재력'을 가진 곳이었다. 하지만 내가 진짜로 그곳에 가게 된 이유는, 밉보였기 때문이다.

부장은 최근 주 4일 근무를 요청한 나의 제안을 수락한 대신, 다른 직원들이 하기 싫어하는 일들을 내게 맡기고 있었다. 그것이 내가 바퀴달린 철제 상자에 갇혀 좁고 거친 도로들을 바쁘게 누비고 다니는 이유였다.

'자, 자, 카미유…… 진정해. 어쩔 수 없는 걸 곱씹는 짓은 이제 그만!'

내비게이션은 포기하고 그냥 다시 전진하기 시작했다. 하지만 속도가 조금 올라간 순간 갑자기 '펑' 하는 폭발음이 났다. 무서운 소리였다. 나는 본능적으로 핸들을 옆으로 꺾었고, 거의 동시에 머리가 앞 유리창에 부딪쳤다. 겨우 2초 남짓한 그 순간에 내 인생 전체가 눈앞에 주마등처럼 펼쳐지는 신기한 경험을 했다. 절대로 지어낸 이야기가 아니다. 심장이 1분에 120번씩 뛰기 시작했다.

잠깐 얼이 빠져 있던 나는 간신히 정신을 차린 후에 이마부터 만져 보았다. 끈적거리는 액체는 느껴지지 않았다. 커다란 혹 하나가 만져졌을 뿐. 그렇다면 어디 보자…… 총 점검에 들어가 보니, 신체의 어느 부분에서도 고통의 신호는 없었다. 다행히 아픔보다는 놀라움이 더 컸다.

이젠 자동차가 어느 정도 파손되었는지 살필 차례였다. 나는 최대한 우비로 몸을 감싼 후에 자동차 밖으로 나왔다. 바퀴 하나가 터졌고, 조수석 펜더 부분이 찌그러졌다. 무시무시했던 처음의 공포가 지나고 나자, 두려움 대신 분노가 일기 시작했다.

'빌어먹을!'

단 하루 동안 어쩌면 이렇게 성가신 일들이 많이 일어날 수 있단 말인가? 단 하루에! 난 차 안으로 들어가 구명튜브에 매달리듯 간절한 심정으로 휴대폰을 집어 들었다. 당연히 신호가 잡히지 않았다! 그것에 별로 놀라지도 않은 걸 보면, 난 일찌감치 체념하고 나의 불운을 받아들이고 있는 건지도 몰랐다.

시간이 흘러갔다. 1분, 1분, 또 1분……. 하지만 아무 일도 일어나지 않았고, 아무도 지나가지 않았다. 황량한 작은 숲길에 나는 혼자였고, 길을 잃은 상태였다. 불안감이 스멀스멀 올라오기 시작했다.

바짝 마른 목구멍이 자꾸 타들어갔다.

'아냐, 이렇게 앉아만 있을 게 아니라 움직이자! 틀림없이 어딘가에 사람이 사는 곳이 있을 거야……. 어딘가에 물은 있는 법이지.'

도움이 절실했다. 난 내게 닥친 상황을 받아들이고 나를 보호해주는 철제 상자에서 벗어나기로 했다. 아주 멋들어진 반사판 비상 조끼를 입은 우스꽝스러운 차림을 하고서.

내겐 영원처럼 길게 느껴진 시간이었지만, 실제론 길을 따라 10여 분 쯤 걸었을 때였다. 마침내 개인 주택의 철책이 나타났다. 구조대의 전화번호를 누르는 심정으로 철창문에 달린 화상전화 버튼을 눌렀다.

귀찮은 사람들을 돌려보내기 위해 만들어놓았을 스피커를 통해 남자의 목소리가 들려왔다.

"누구세요?"

나도 모르게 둘째와 셋째 손가락을 엇갈려 꼬면서 행운을 구했다. 오, 제발 이 동네 사람들이 외부인에게도 친절한 자들이기를!

"안녕하세요! 귀찮게 해드려서 죄송합니다만, 제가 여기 뒤에 있는 작은 숲길에서 자동차 사고를 당했거든요. 타이어가 터졌는데 휴대폰마저 터지질 않네요. 그래서 구조대도 부를 수가 없어서……."

내 말이 채 끝나기도 전에 금속성의 소리를 내며 현관문이 열렸다. 얼마나 반가웠던지 펄쩍 뛰고 싶을 정도였다. 집 주인이 내게 구원의 손길을 뻗은 것은 내가 곤경에 빠진 작은 사냥개처럼 애처로웠기 때

문일까? 아니면 내 몰골과 태도가 물에 빠진 생쥐처럼 우스꽝스러워서였을까? 그런 건 아무래도 상관없었다. 난 곧장 열린 문 안으로 들어섰다. 그러자 깜짝 놀랄 정도로 멋진 집 한 채가 나타났다. 정원이 정말 아름다웠다. 한 눈에 봐도 보통 집이 아니었다. 이런 호젓한 산속에 잡지에나 나올 것 같은 집이 존재하다니! 아, 오늘 최초의 행운이 시작되는 건가?

2

저만치 현관에서 불이 켜졌다. 이어서 현관문이 열리더니, 탄탄한 어깨를 가진 실루엣이 커다란 우산을 쓰고 나를 향해 걸어오는 것이 보였다. 조금 전에 이야기를 나눴던 남자일까? 그가 가까이 왔을 때, 주름으로 개성이 더 뚜렷하게 강조된 갸름한 얼굴을 볼 수 있었다. 나보다 스무 살은 많아 보였지만 균형이 잘 잡힌 데다 배우 숀 코네리처럼 주름이 멋진 남자였다. 끝이 살짝 올라가서 웃고 있는 것처럼 보이는 입 주위에 쉼표 모양의 오목한 보조개가 있었고, 살짝 웃는 듯한 표정이 보는 순간 곧바로 호감을 갖게 만들었다. 대화를 부르는 표정이었다. 옅은 회색빛의 두 눈은 귀여운 장난꾸러기의 눈처럼 반짝거렸고, 특별히 관리한 듯한 자연스러운 회색빛 머리카락은 숱이 풍성했다. 아름다운 정원만큼이나 잘 손질된 짧은 콧수염도 따옴표를 열어놓은 것처럼 공들여 다듬은 형태였다.

그가 내게 손짓했다.

"어서 들어와요! 비가 정말 많이 오네요."

"고맙습니다. 정말 친절하시네요. 정말 죄송해요. 귀찮게 해드려서……."

"그런 말 말아요. 귀찮다니…… 자, 우선 앉아요. 수건을 가져다줄게요."

그때 그의 아내로 보이는 우아한 여성이 다가왔다.

"여보, 괜찮아요?"

“그럼, 그럼. 이분이 뒤편 숲길에서 자동차 사고를 당했대요. 많이 놀라셨을 텐데 여긴 휴대폰도 안 터지잖아. 전화도 하고 젖은 몸도 좀 말리고, 기운을 차려야 할 것 같아.

“오, 이런, 따뜻한 차 한 잔 할래요?”

추워서 떨고 있는 나를 본 그녀가 친절하게도 차를 권했다. 나는 사양하지 않고 고개를 끄덕였다.

그녀가 부엌으로 사라지고 나자, 남자가 수건 한 장을 손에 들고 계단을 내려왔다.

“감사합니다, 선생님. 정말 친절하시네요.”

“클로드 뒤퐁텔이에요. 클로드라고 부르세요.”

“아, 저는 카미유라고 해요.”

“자, 수건 받아요, 카미유. 그리고 전화는 저쪽에 있어요. 이 지역은 휴대폰이 잘 안 돼서요.”

“고맙습니다. 길게 쓰진 않을게요.”

“걱정 말고 마음대로 쓰세요.”

나는 세련된 나무 테이블 위에 놓인 전화기 쪽으로 걸어갔다. 벽에는 독특한 그림 한 점이 걸려 있었다. 부자일뿐만 아니라 취향도 고급인 사람들 같았다. 최악의 상황에서 이런 사람들을 만나게 되었으니 얼마나 다행인가!

나는 수화기를 들고 보험 담당자의 번호를 눌렀다. 그런데 내 차가 있는 위치를 정확하게 알려줄 수 없어서, 집 주인 부부의 동의를 얻은 다음 수리공을 이 집으로 보내달라고 부탁했다. 보험담당자는 곧 사람을 보내주겠다고 약속했다. 나는 안도의 한숨을 내쉬었다.

이번엔 집으로 전화를 걸었다. 클로드는 나를 염려해서 부지깽이를 들고 맞은편 벽에 있는 벽난로의 불꽃을 살피고 있는 중이었다. 남편은 긴 신호음이 여덟 번이나 울린 후에야 전화를 받았다. 그가 텔레비전 앞에서 졸고 있다가 전화를 받았다는 것을 목소리를 통해서 금방 알 수 있었다. 아니나 다를까, 그는 내 전화를 받고 놀라지도, 불안해하지도 않았다. 내가 늦게 귀가하는 것에 익숙했기 때문이다. 나는 내가 얼마나 곤란한 상황에 처했는지를 그에게 설명했다. 남편은 내 말이 끝날 때마다 짜증 섞인 소리를 내거나 혀를 찼다. 그러고는 기계적인 질문들만 해댔다. 차를 고치는 데 시간이 얼마나 걸리느냐, 비용은 얼마나 드느냐……. 그의 그런 태도는 가뜩이나 신경이 날카로운 나를 크게 자극했다. 전화기에 대고 소리를 지르고 싶었다! 어떻게 이 사람은 단 한 번도, 내게 아주 작은 공감조차 보여줄 수 없단 말인가? 나는 참기 어려울 정도로 화가 났다.

"됐어. 내가 알아서 처리할 테니까 기다리지 말고 잠이나 자."

가까스로 참아낸 목소리로 답하고는 얼른 전화를 끊어버렸다.

그러나 마음과 달리 손이 떨리고, 두 눈에 눈물이 차오르는 게 느껴졌다. 나는 클로드가 다가오는 소리를 듣지 못했다. 그래서 그가 내 어깨에 한 손을 올려놓았을 때 흠칫 놀랐다.

"괜찮아요?"

내 기분을 묻는 그의 목소리가 아주 따뜻했다. 조금 전에 남편에게서 듣고 싶었던 그런 목소리였다.

그는 내 얼굴에 눈높이를 맞추려고 몸을 약간 구부린 채 다시 물었다.

"카미유, 괜찮아요?"

그때 그의 태도에서 느껴지는 어떤 것이 나를 울컥하게 만들었다. 입술이 살짝 떨리는가 싶더니, 조금 전부터 속눈썹으로 간신히 누르고 있던 눈물이 더는 버티지 못하고 뚝 떨어져 버렸다……. 나는 마스카라가 번지는 것도 상관 않기로 했다. 그리고 조금 전의 몇 시간, 아니 몇 주, 몇 달…… 아무튼 그간 쌓일 대로 쌓였던 불만이 터져 나오는 것을 막지 않고 내버려 두었다.

3

그는 처음엔 아무 말도 하지 않았다. 다만 이해한다는 뜻으로 내 한쪽 어깨에 따뜻한 손을 올려놓은 채 아무 말 않고 가만히 있기만 했다.

내 눈물이 다 마를 때쯤 해서, 김이 모락모락 피어나는 차 한 잔을 내 앞에 놓아준 그의 아내가 티슈 몇 장을 갖다 주었다. 그리고 그녀는 자기가 있으면 방해가 될 거라고 생각했던지 이내 2층으로 사라졌다.

"죄송해요…… 제가 생각해도 정말 꼴불견이네요! 대체 내가 지금 뭘 하고 있는지 모르겠어요. 최근에 줄곧 신경이 너무 날카로웠는데, 오늘은 유난히 더 끔찍한 하루를 보냈어요. 너무 심한 하루였죠……."

클로드가 맞은편 소파로 가서 앉았다. 그리고 주의 깊게 내 말에 귀를 기울였다. 뭔지 알 수 없지만, 하여간 그의 안에 있는 무언가가 내 마음속 내밀한 이야기까지 꺼내게 만드는 것 같았다. 그가 내 두 눈을 응시했다. 나를 샅샅이 살피는 시선도 아니고, 그렇다고 꿰뚫어 보는 시선도 아니었다. 그저 활짝 벌린 두 팔처럼 따뜻하게 환대하는 눈빛이었다.

그의 눈을 들여다보고 있자니, 그에게 아무것도 속일 필요가 없겠다는 생각이 들었다. 어떤 가면도 쓰지 않고 모든 걸 솔직히 고백할 수 있겠다는 생각…… 나의 내면을 가리고 있던 빗장들이 하나씩 차례로 벗겨지고 있었다. 낭패로군. 아니, 차라리 잘된 것일까?

나는 나의 침울한 상태를 그에게 고백했다. 그리고 어떻게 작은 불만들이 쌓여서 내 삶의 기쁨을 허물어버렸는지 설명했다. 활짝 피어난 꽃처럼 만개한 삶을 살 수 있는 모든 것을 다 갖추고 있음에도 불구하고…….

"들어서 아시겠지만, 난 불행한 게 아니에요. 그렇다고 진심으로 행복하지도 않죠……. 정말 끔찍해요. 행복이 내 손가락들 사이로 다 빠져나가는 느낌이에요. 하지만 정신과 의사를 만나고 싶은 생각은 추호도 없어요. 틀림없이 내가 우울증에 빠졌다면서 한 움큼씩

약을 먹이려 들 테니까요! 아뇨, 난 그저 기분이 가라앉은 것뿐이에요……. 절대로 심각한 게 아니라고요. 그래도…… 이건 마치 마음이 사라지고 없는 것 같아요. 모든 게 부질없고 사는 게 무슨 의미가 있을까 싶어요."

내가 한 말들이 그의 마음을 움직인 것 같았다. 통성명을 한 지 한 시간도 채 못 되는 시간이었지만, 우리 둘 사이에는 놀랍도록 무엇인가 통하는 분위기가 생겨났다. 사실 난 그에게 조금 전까지만 해도 생판 모르는 낯선 여자였다. 그런 내가 갑자기 속 이야기를 털어놓아서 우리 사이에 이름 모를 연결고리 같은 게 만들어지는 바람에, 친밀함이 형성되기 위해 필요한 여러 단계를 한꺼번에 훅 건너뛴 것 같았다.

나의 이야기가 어쩐 일인지 그의 마음속 예민한 현 하나를 건드렸고, 그 현이 진실한 동기가 되어 나를 위로하고 격려하게끔 그를 움직인 것이 분명했다.

"카미유, 이런 말 들어봤어요?

우리가 살아가기 위해선 음식만이 아니라 살아야 할 이유도 필요하다.

아베 신부가 한 말이에요. 당신의 마음이 중요하지 않다는 듯이 말하면 안 되지요. 그건 엄청나게 중요한 거예요! 영혼의 질병들을 가볍게 취급해선 안 돼요. 말을 들어보니, 당신이 무엇 때문에 고통스러워하는지 알 것 같군요."

"아, 정말이요?" 내가 훌쩍거리며 물었다.

"네, 정말……."

그런 다음 그는 잠시 주저했다. 이제부터 자기가 하려는 말을 내가 받아들일 수 있을지 가늠해보는 것 같았다. 그러다 괜찮다고 판단했는지, 비밀스런 이야기라도 하는 듯한 어조로 말을 이었다.

"당신은 지금 급성 타성증으로 고통받고 있는 것 같아요."

"네? 급성……, 뭐라고요?"

"급성 타성증이요. 최근에 전 세계적으로 점점 더 많이 발생하고 있는 질환인데, 뭐랄까 영혼의 질병이지요. 증상은 거의 언제나 똑같아요. 의욕 상실, 동기 저하, 만성적 침울, 목표와 의미 상실, 물질적인 풍요에도 불구하고 행복하지 못함. 환멸, 실망, 권태, 피로에 지친 매일."

"저…… 그런데 어떻게 그런 걸 아세요?"

"내가 타성 치유 전문가거든요."

"……네?"

생전 처음 들어보는 이상한 말 아닌가!

어리둥절한 나의 반응이 그에게는 익숙한 것 같았다. 침착하고 초연한 표정과 태도를 잃지 않았던 것을 보면…….

그는 타성 치유학이란 것이 무엇인지 몇 문장으로 설명해주었다. 우선 이 새로운 학문은 아직 일반 사람들에게는 제대로 알려지지 않았지만, 이미 세계 여러 곳에 퍼져 있다고 했다. 그러면서 그는 엄청나게 많은 사람들이 이런 증후군에 시달리고 있다는 것을, 그리고 과학자들이 해결 방법들을 찾게 되기까지의 연구 과정을 이야기해주었다. 또 우울증까지는 아니더라도 거의 모든 현대인들이 얼마나 자주 공허함과 침울함을 느끼고 있는지, 행복할 수 있는 조건을 거의 모두 갖고 있으면서도 그것들을 제대로 이용하지 못해서 얼마나 침울한 기분으로 살아가고 있는지에 대해서도 설명했다.

나는 두 눈을 동그랗게 뜨고서, 내가 느끼고 있는 기분을 그대로 묘사하는 그의 말에 온 정신을 집중했다.

"타성증은 얼핏 보면 별로 심각하지 않은 병처럼 보일 수 있어요. 하지만 그 질환은 집단 구성원들에게 엄청난 피해를 갖고 올 수 있지요. 비관적 성향이 전염병처럼 퍼지고, 공허감이 쓰나미처럼 덮치는가 하면, 끔찍할 정도로 깊은 우울감이 태풍처럼 휘몰아칠 수 있거든요. 그렇게 되면 얼마 가지 않아서 집단 전체에 미소 같은 건 금방 자취도 없이 사라지게 될 거고요. 아, 웃지 말아요. 난 지금 진실을 이야기하고 있으니까. 나비효과가 발생하는 거란 말이죠! 그런 현상이 많이 퍼지면 퍼질수록 더 많은 사람들이 삶의 의미를 잃어버릴 거예요. 타성증이 퍼지면 한 국가 전체가 활력을 잃을 수도 있어요."

나는 그의 과장된 말투에서 내게 미소를 돌려주려는 배려를 느꼈다.

"일부러 부풀려서 말씀하시는 거죠?"

"전혀! 당신은 행복의 '행'자도 모르는 사람들이 얼마나 많은지 상상도 못할 거예요! 감정적인 문맹자는 말할 것도 없고! 정말 끔찍한 재앙이죠. 자신의 인생을 원하는 대로 살아갈 용기가 없는 것, 자신이 정말 가치 있게 여기던 것들을 놓치고, 살아가는 이유를 찾지 못하는 것보다 더 끔찍한 건 없죠. 그런 생각 안 들어요?"

"음, 음…… 분명히 그렇죠……."

"불행히도 행복해지기 위한 능력을 키우는 법은 학교에서 가르쳐 주지 않아요. 그러나 그 능력을 개발할 수 있는 방법은 분명히 있지요. 사람은 아무리 많은 돈을 가지고 있어도 엄청나게 불행할 수 있어요. 그런가 하면 돈이 없어도 누구 못지않게 즐거울 수도 있고요. 행복할 수 있는 능력은 근육을 단련시키듯 매일매일 훈련으로 발달시키는 거예요. 자신의 가치 체계를 검토해서 수정하고, 인생과 사건을 바라보는 시선을 재교육하는 것만으로 충분하지요."

그는 일어서서 큰 테이블 쪽으로 가더니 과자가 가득 들어 있는 작은 유리그릇을 가지고 돌아와서 내게 권했다. 난 그가 우리의 대화를 중요하게 여긴다는 걸 느낄 수 있었다. 표정이나 태도를 통해. 그는 아주 열정적으로 이야기했다. 자신의 길과 진정한 행복을 찾고, 그 행복의 빛이 주위까지 밝힐 수 있도록 자신을 사랑하는 일이 얼마나 중요한가에 대해서.

그는 전심을 다해 자신의 신념을 내게 나눠주고 싶어 했다. 그러다 갑자기 입을 다물더니 따뜻한 눈길로 나를 잠시 훑어보았다. 마치 내 마음을 다 들여다보는 것 같은 시선이었다.

그가 자신의 머리를 손가락으로 톡톡 두드리면서 다시 말을 이어 갔다.

"카미유, 삶에서 당신에게 일어나는 일들의 대부분은 바로 여기에 달렸어요. 당신의 머릿속 말이에요. 정신의 힘은 언제나 우리를 놀라

게 만들죠! 생각이 당신의 현실에 얼마나 큰 영향을 미치는지 당신은 아마 상상도 못할 거예요. 그건 플라톤이 '동굴론'에서 묘사한 것과 거의 같은 현상이에요. 동굴 속에 묶여 있는 사람들이 현실에 대해 그릇된 이미지를 갖게 되는 것 말이에요. 그들은 등 뒤에서 타오르는 횃불이 벽에 비춰주는 왜곡된 그림자를 통해서만 사물을 보기 때문에 현실을 제대로 파악하지 못하잖아요."

나는 내가 처한 기묘한 상황을 생각해 보았다. 숲길에서 교통사고가 일어난 지 한 시간 후에 이처럼 안락한 거실 안에서 철학을 논하게 되리라고 누가 알았겠는가!

"플라톤의 동굴론과 우리의 현실을 비교하고 계신 거네요?"

그가 나의 반응에 미소를 지었다.

"맞아요! 우리의 믿음과 선입견, 판단 등에 따라 현실을 변형시키는 우리의 사고와 동굴론을 대조해본 거예요. 그런데 누가 그 모든 걸 만들어내지요? 바로 당신의 정신 아닌가요? 오직 당신의 정신이에요! 그래서 난 우리의 정신을 **생각 공장**이라고 불러요. 그야말로 하나의 공장인 거죠! 좋은 소식은, 그 생각들을 변화시킬 힘이 당신에게 있다는 거예요. 장밋빛 생각을 부숴버리든지, 아니면 캄캄한 검은 생각을 부숴버리든지, 그건 오로지 당신의 의지에 달려 있어요. 당신의 정신이 더는 당신을 골탕 먹이지 못하도록 당신의 정신을 훈련시킬 수 있어요. 약간의 인내와 끈기, 그리고 몇 가지 기술로 충분히 가능해요."

나는 좀 난감했다. 그를 미친 사람으로 여겨야 할지, 그의 놀라운 이야기에 감탄하며 박수를 쳐야 할지 잠시 망설여졌다. 그러다 결국 이도 저도 하지 않고, 동의한다는 뜻으로 머리만 가볍게 끄덕였다.

그는 이쯤에서 내가 소화할 정보량이 한계에 이르렀다고 느낀 것 같았다.

"아, 미안해요. 내가 당신을 따분하게 만들었죠?"

"아뇨, 아뇨. 천만에요! 정말 재미있는 이야기였어요. 단지 조금 피곤할 뿐이에요. 오늘 너무 많은 일을 겪어서요. 신경 쓰지 마세요."

"나중에라도 당신이 원한다면, 그 방법에 대해 상세히 알려드리고 싶군요. 그 방법 덕분에 정말 많은 사람들이 삶의 의미를 되찾고 새로운 인생을 살 수 있었거든요. 얼마든지 그 증거들을 보여드릴 수 있어요."

그는 일어나서 벚나무로 만든 작고 예쁜 책상으로 갔다. 그러곤 서랍에서 명함 한 장을 꺼내 와서 내게 내밀었다.

"기회가 생기면 전화 한번 주세요."

그가 부드러운 미소를 지으며 말했다.

타성 치유 전문가

클로드 뒤퐁텔

파리 75008 보에티가 15번지

Tel : 06-78-47-50-18

난 아직 어떻게 할지 모르는 상태에서 그 명함을 받아 들었다. 그리고 예의상 생각해보겠다고 말했다. 그는 나의 미지근한 대답에도 별로 개의치 않는 표정이었다. 판매 전문직에 종사해본 적이 있는 나로선 이해되지 않는 태도였다. 자기 이득을 챙겨야 할 사람이라면 어떻게든 새로운 고객을 놓치지 않으려고 애써야 하지 않을까? 영업에 적극성을 보이지 않는 그의 태도는 오히려 자신감으로 보였다. 만일 이 기회를 놓친다면, 손해를 보는 쪽은 오히려 나일 거라는 생각까지 들 정도였다.

하지만 그 순간의 나는 아직 그날 저녁의 감정에 붙들려 있는 상태였다. 마치 공포 영화의 첫 장면처럼 벌어진 한심한 사고, 배려라고는 없는 남편과의 불쾌한 통화…… 그리고 이제는 타성 치유 전문가라니! 혹시 내가 환각에 사로잡힌 건 아닐까? 어쩌면 5분 후에 카메라들이 나타나고, 누군가가 소리를 지를지도 모른다. "몰래 카메라!" 하면서.

때마침 벨이 울렸다. 대문 앞에는 카메라도 아니고 신문기자도 아닌, 자동차 수리공이 도착해 있었다.

"내가 함께 나가줄까요?" 클로드가 다정하게 물었다.

"아뇨, 정말 고맙습니다. 괜찮아요. 이미 제게 너무나 많은 친절을 베풀어 주셨는걸요. 어떻게 감사를 해야 할지 모르겠어요."

"별 말씀을. 이럴 때 돕는 건 당연한 일 아닌가요? 집에 가면 잘 도착했다고 문자나 넣어주세요."

"약속할게요. 그럼 안녕히 계세요, 정말 감사해요!"

나는 사고가 일어난 장소까지 길 안내를 하기 위해 수리공의 차에 올라탔다. 그러곤 창문으로 마지막 시선을 던졌다. 클로드 부부가 서로 다정하게 끌어안고 현관 앞에 서서 손을 흔드는 모습이 보였다. 그들의 태도에서는 굳이 말하지 않아도 통하는 친밀감과 서로를 향한 사랑이 자연스럽게 배어났다.

어두운 밤 그 집을 떠날 때 내게 묻어서 따라온 것은 평화로운 행복의 이미지였다. 그리고 그 이미지가 내 머릿속을 떠다녔다. 자동차의 심한 흔들림이 계속해서 나를 문제투성이 현실 앞으로 끌어냈지만…….

제2장

나는 지금 괜찮은가요?

4

월요일 아침, 머리가 깨질 것 같은 통증을 느끼면서 깨어났다. 불행히도 하루 종일 머릿속의 굴착기들이 딱따구리처럼 쪼아댈 것이 분명했다! 나는 클로드의 말을 곰곰 되씹으면서 주말을 보냈다. 정말 내가 급성 타성증에 걸린 걸까? 내 마음을 떠나지 않는 막연한 공허감을 없애려면 그한테 치료를 받아야 할까? 실제로 난 무엇을 불평하고 있는 것일까? 내겐 멋진 남편과 귀여운 아들이 있고, 안정된 생활을 하게 해주는 좋은 직장이 있다……. 어쩌면 좀 더 열심히 살면서, 너무 많이 생각하는 것만 피하면 되지 않을까? 하지만 손끝 거스러미 같은 작은 우울감이 끊임없이 나를 물어뜯고 있지 않은가!

어쨌든 나는 상황을 멀찍이서 바라보려고 애썼다. 심리학 잡지에서 말하는 '높은 곳에서 내려다보라.'를 실천한 것이다. 그리고 인간이 겪는 고통들을 하나하나 모두 검토해보았다. 언제 폭탄이 터질지 모르는 전쟁의 위협 속에서 살아가는 사람들이 겪는 공포, 불치병에 걸린 사람들의 절망, 집 없는 노숙자들의 비참함, 직장 없는 자들의 분노, 사랑할 이가 없는 자들의 외로움……. 그들에 비하면 내 문제는 너무나 미미했다! 하지만 행복이나 불행의 계단이 모두에게 다 똑같은 것은 아니잖은가.

클로드는 참으로 균형 잡히고, 참으로…… 안정되고 평온해 보였다. 그랬다, 안정된! 꼭 맞는 표현이다. 물론 나는 마법의 지팡이를 한 번 흔들어서 삶을 변화시키는 기적 따위는 믿지 않는다. 하지만 상황을 바꾸는 것에 관해선 그의 말이 몹시도 설득력 있게 들렸다. 그는 타성증과 우울은 숙명이 아니라고 장담했다. 지리한 일상을 어쩔 수 없이 견디는 인생이 아니라, 매일의 삶을 충만하게 누리는 인생을 선택할 수 있다고 했다. 자신의 삶을 예술 작품으로 만드는 것……. 얼핏 심하게 비현실적인 것처럼 느껴지긴 하지만, 적어도 시도해볼 가치는 있지 않을까?

나는 온갖 질문들을 머릿속에 가득 담은 채, 두통 때문에 불쾌한 기분으로 힘겹게 침대에서 일어났다. 그리고 별 생각 없이 왼발부터 땅을 디뎠다. 하지만 그 즉시 '왼발부터 땅을 밟으면 재수가 없다.'는 바보 같은 미신이 내 머리를 스쳤고, 그 사소한 행동 때문에 순식간에 부정적인 파동에 질식당한 나를 목격했다. 아! 재수 없는 하루가 예고되었다.

소위 나의 사랑스러운 반쪽이라는 남자, 세바스티앵. 그가 성의 없는 고갯짓으로 아침인사를 대신했다. 제멋대로 뻗나가는 넥타이와 실랑이 중인 것 같았다. 나는 나지막이 터져 나오는 그의 욕설을 들으면서 그가 회사에 늦어서 초조한가 보다 하고 막연하게 이해했다. 그러니 오늘 아침도 아드리앵을 학교에 데려다주는 건 내 차지겠군. 한숨, 또 한숨.

아드리앵, 9년하고도 6개월짜리인 내 아들. 아이의 성장은 분명 나를 감동시켰지만 때로는 두렵게 만들기도 했다. 아드리앵은 모든 것이 너무 빨랐다. 세상에 나올 때도 시간이 되기 전에 문을 두드렸다. 성질 급한 아드리앵을 한 자리에 붙들어놓는 유일한 방법은 의자에 묶어놓는 것밖에 없을 것이다. 덕분에 우리 부부는 아주 일찌감치 분명한 사실 한 가지를 인정해야 했다. 우리 아들은 '지칠 줄 모르는 울트라 뒤라셀 건전지' 타입에 속하는 아이라는 것을.

지칠 줄 모르는 아이. 하지만 난 쉽게 지치는 보통 어른이었다. 난 이 세상에서 그 무엇보다, 그 누구보다 아이를 사랑하지만 그래도 소용없었다. 어떤 때는 아이가 티셔츠 속에 에너지를 빨아들이는 진공청소기를 감추고서 내게 접근해 나의 에너지를 빼앗아 가는 게 아닐까 하는 황당한 생각이 들기도 했다.

나는 닥터 돌토(Dolto)의 젖병을 물고 자란 세대였다. 그래서 '아이는 완전한 권리를 가진 하나의 주체다.'라는 그녀의 믿음을 완전히 받아들인 현대적 부모가 되었다. 하지만 이제와 비로소 우리의 교육 체계가 너무 자유방임주의에 깊이 물들었다는 것을 깨달았다. '아이와의 대화' '아이의 인격 존중'에 너무 많은 몫을 할애하느라 고삐를 지나치게 느슨하게 잡았던 것이다.

"그래도 틀은 있어야 해!"

아드리앵을 대하는 나의 태도를 보며 엄마는 끊임없이 그 말을 되풀이했다.

물론이다, 엄마가 옳았다.

틀. 그래서 나는 우리 부부의 방임주의로 인해 한없이 표류하는 가정교육을 가다듬기 위해 몇 달 전부터 애쓰고 있는 중이었다. 아드리앵에게 적합한 틀을 세워주기 위해. 해도 되는 것과 안 되는 것의 경계를 알려주기 위해 끊임없이 들볶고 잔소리를 해대고 야단을 쳤다. 이쪽 극단에서 저쪽 극단으로 넘어간 셈이었으니 누가 봐도 갑작스러운 변화임이 분명했다. 하지만 누구나 자기가 할 수 있는 만큼만 하는 법이다. 나는 내가 할 수 있는 최선을 다했다. 아이는 화를 내고 불평했지만 결국은 내 말에 복종하기에 이르렀다. '매우 자유로운 아이'로서의 습성에도 불구하고, 아이는 다행히도 정말 좋은 기본을 갖추고 있었다.

나는 내가 항상 아이를 감시하고 있다는 걸 인식하고 있다. 다 아이를 위한 거라고 생각한다. 그런데 가끔씩은 아이를 쥐어짜고 있다는 느낌이 들었다. '물건 잘 챙겨라, 샤워 해라, 불 꺼라, 숙제해라, 변기 뚜껑 꼭 내려라…….' 나는 친구 같은 엄마에서 명령하는 엄마로 변신했다. 그렇게 해서 내가 얻은 것은 우리 관계의 질을 떨어뜨리는 것이었다.

나는 그런 생각을 하면서 아들의 방에 들어섰다. 10분 후면 학교에 가야 하는데, 아이는 옷을 반쯤 입은 채로 벽에 대고 탁구를 치는 중이었다. 양 발에 서로 다른 색깔의 양말을 신고, 머리에는 털실로 짠 모자를 쓰고, 방은 폭격 맞은 70년대 베이루트처럼 어지러운 상태였다.

아이의 놀랄 만큼 긴 속눈썹 아래 커다란 밤색 눈동자가 내게로 향했다. 언제 봐도 장난기가 도는 눈이었다. 섬세하고 동그란 얼굴과 단호하게 불만을 표시하는 예쁜 입술에 잠시 시선을 멈추었다. 우리가 비록 전쟁 중이긴 해도, 윤기가 흐르는 아이의 부드러운 머리카락은 언제나 그렇듯 손으로 만져보고 싶은 충동을 일으켰다. 젠장, 이 녀석은 어찌도 이렇게 예쁘게 생겼담! 단번에 아이에게 달려들어 꼭 끌어안고 싶었지만, 망아지 같은 녀석을 길들이기 위해서 난 애써 그 유혹을 물리쳤다. 그리고 아이에게 틀을 만들어주기 위해서 못되고 엄한 교관 모자를 쓰기로 했다.

“엄마아아아아앗! 왜 그렇게 화를 내시나요요욧. 제발 진정해요요욧! 열 받지 말아요요욧!”

아이는 누군지 모를 무언가를 흉내 내며 말했다.

이런 식으로 반항하는 태도는 순식간에 나를 흥분시켜서 이성을 잃게 했다. 나는 아이에게 질책과 항의의 말들을 한바탕 쏟아내고 나서, 출근을 위해 급히 샤워를 하려고 욕실로 들어섰다. 비누칠도 하는 둥 마는 둥, 머릿속은 그날 해야 할 업무 리스트로 이미 우울해진 상태였다.

샤워를 끝내고 거울 속에 비춰 본 내 모습은 나도 모르게 눈살을 찌푸리게 만들었다. 오만한 암사자의 주름살이 이마에 새겨져 있었기 때문이다. 순한 양이었던 시절이 좋았는데…….

나는 제법 예뻤던 내 얼굴을 바라보았다. 피부가 조금만 덜 창백해 보인다면, 푸른 눈 밑에 칙칙해진 다크 서클만 없다면……. 예전엔 그토록 매혹적으로 보였던 푸른 눈과 금발이건만! 좀 더 시간을 들여 가꾸고, 동그란 내 얼굴에 어울리도록 신경 써서 커트를 하던 예전엔 지금보다 훨씬 더 부드럽고 빛이 났다. 그런데 지금의 내 얼굴은 너무 동그래졌다. 임신 후에 늘어난 몇 킬로그램과 피할 수 없는 세월, 그리고 이런저런 그럴듯한 핑계들 때문이다. 우울할 때마다 나는 찰나의 쾌락이라는 작은 구명대들을 움켜쥐었고, 그 쾌락을 너무 빨리 삼켜버리느라 뒷날의 손해가 얼마나 막심할지 미처 재보지도 못했다. 그런 생각이 오늘 하루 내 기분을 더 망쳐버렸다.

옷을 입기 위해 침실로 돌아온 나는 급히 서두르다가 머리맡 탁자 위에 놓인 작은 액자를 실수로 떨어뜨렸다. 제자리에 놓기 위해 액자를 주워들다가 사진을 들여다보았다. 사이좋던 시절에 찍은 우리 부부의 예쁜 사진이었다. 밤이면 달빛을 받으며 함께 산책을 하고, 별들을 바라보며 웃었는데……. 빛나는 눈동자를 가졌던 그 멋진 남자는 지금 어디로 가버린 걸까? 부드러운 속삭임으로 나를 감동시킬 줄 알았던 그 남자는……. 나를 매혹시키던 그 작은 손짓, 몸짓을 그림자조차 보여주지 않게 된 건 언제부터일까? 그러나 그는 여전히 친절했다. 징그러울 정도로. 예전의 열정을 은근슬쩍 내몰고 슬며시 들어와 앉은 상냥함, 그 뜨뜻미지근한 다정함을 생각하자 막연한 혐오감 같은 게 느껴졌다. 우리의 사랑은 예전엔 울창하고 야성적인 정글 같았다. 하지만 세월이 흐른 지금은 네모난 궁전 정원처럼 말쑥하게 변해버리고 말았다. 항상 예측 가능하고, 반듯하고, 비죽 나온 풀이라곤 한 줌도 없이 다듬어진 그런 정원.

그런데 사랑, 그것은 넘쳐흐르고, 탁탁 튀고, 부글부글 끓고, 펑펑 용솟음쳐야 하는 것이 아니던가?

언제부터 이렇게 바뀌고 말았을까? 아드리앵이 태어나고? 아님 세바스티앵이 승진하고 나서? 하기야 어쨌거나 결과는 마찬가지다. 부부관계라는 진창 속에 빠져 허우적거리면서, 또 너무 매끄러운 삶 속에 파묻혀서, 나는 다 씹어 단물 빠진 풍선껌처럼 모든 맛을 잃어버린 무의미한 부부생활을 '확증된 사실'로 받아들이고 있었다.

나는 거친 동작으로 이 불쾌한 생각들을 쫓아버렸다. 그리고 회사에 가서 당장 오늘 해결해야 할 임무들에 신경을 쏟기로 했다. 멋이나 우아함 같은 건 안중에도 없어진 지 오래였다. 누굴 위해, 무엇을 위해 멋을 부린단 말인가? 난 사랑에 있어서 정규직원이 되기로 계약을 맺고 난 후부터는 어떤 남자에게도 관심을 갖지 않았다. 이후로 내가 최우선에 둔 것은 오직 안락한 삶이었다.

나는 서둘러서 아이를 학교에 데려다주었다. 가는 도중에도 아이가 꾸물거리지 않도록 들들 볶았음은 물론이다. 빨리빨리는 이제 우리의 삶을 지배하는 거대한 힘을 가진 단어가 되었다. 그 단어는 법을 제정했고, 전능한 폭군처럼 맹위를 떨쳤으며, 어떤 순간에도 작은 시계바늘의 압도적인 힘에 굴복하게 만들었다.

아이를 학교로 들여보내고 나서는 지하철역으로 뛰어 갔다. 추위에도 불구하고 땀에 흠뻑 젖은 채 숨을 몰아쉬면서 열차 좌석에 털썩 주저앉았다. 그리고 오늘 하루도 살아남기 위해 어떻게 해야 할 것인지를 생각했다.

5

2주 전 클로드의 집을 떠나오면서 외투 주머니에 그의 명함을 집어넣었다. 그날 이후로 매일 그것을 주머니 안에서 만지작거리고, 이리 뒤집고 저리 뒤집고 하면서도 정작 전화를 걸어볼 결심은 하지 못했다.

더 오래 끌 수 없다고 결정을 내린 것은 바로 오늘, 회의실에서 시끌시끌한 모임을 끝내고 나올 때였다. 아침 회의에서 부장은 나를 공개적으로 푸대접했다. 뭔가 상황을 변화시켜야 한다. 그러나 어디서부터 어떻게 시작해야 할지 몰랐다. 그러다 문득 어쩌면 클로드, 그라면 알고 있을 거라는 생각이 들었다.

나는 점심시간을 이용해 전화를 했다. 아침 회의 때문에 여전히 속이 상해 있는 상태였다.

몇 번 벨이 울린 후에 그가 전화를 받았다.

"뒤퐁텔 씨?"

"네, 접니다."

"카미유예요. 기억하세요?"

"아, 그럼요. 안녕하세요, 카미유? 어떻게 지냈어요?"

"잘 지냈어요. 고마워요. 아니, 실은, 썩 잘 지내진 못했어요. 그래서 전화를 드린 거예요."

"오, 그렇군요."

"그때 말씀하신 기법에 대해 조금 더 설명해주시겠다고 하셨죠? 그 이야기를 꼭 듣고 싶어요. 그래서 말인데…… 시간 좀 내주실 수 있나요?"

"잠시만요. 그러니까, 음…… 금요일 7시, 괜찮은가요?"

난 아드리앵을 어떻게 하면 좋을지 급히 머리를 굴렸다. 남편이 집에 돌아오는 시간까지만 아드리앵이 잠시 혼자 있어도 괜찮을 거라는 생각이 들었다.

"좋아요, 그 시간에 봬요. 금요일에. 그러면…… 감사해요!"

"하하, 금요일에 만나요, 카미유. 그때까지 자신을 잘 돌보길 바랍니다."

'자신을 잘 돌보길 바랍니다.' 사무실로 돌아가는 내내 그 문장이 귓가에 맴돌았다. 마음을 따뜻하게 해주는 말이었다. 정말 친절한 사람이다. 내가 속한 이 난폭하고 야만적인 세계에 그런 친절이 몇 그램만이라도 들어와 준다면! 내가 속한 이 세계는 여덟 명의 고객지원

담당 직원들로 구성된 작은 그룹이었고, 나는 그 안의 홍일점이었다. 하루 종일 신랄한 말들이 오갔고, 중고생 수준의 유머로 시작했다가도 어느새 서로를 물어뜯는 악의적인 빈정거림으로 바뀌기 일쑤였다. 그런 분위기가 언제나 나를 지치게 했다. 나는 진심으로 다른 것을 원했다. 내가 원한 건 아마도 동료와의 관계 속에 더 많은 진정성이 깃드는 것이었으리라. 물론 나는 이 직장에 매우 만족했다. 우리 시대에 정규직이란, 엄마가 입이 닳도록 말씀하시듯이 사치품이 되었을 정도니까.

아, 엄마……. 아버지는 내가 태어난 지 얼마 되지 않아서 엄마를 떠났다. 적게나마 때때로 생활비를 보태주었으니 완전히 사라졌다고 할 순 없지만, 그래도 엄마는 혼자 아이를 키우는 상황을 감당하기 위해 항상 힘들게 일했다. 그런 매일이 언제나 우리가 궁핍한 삶을 살고 있다는 느낌을 주었다.

내가 진로를 결정해야 할 순간이 왔을 때, 취업이 잘 되는 무언가 말고 다른 선택지는 없었다. 무슨 일이 있더라도 재정적 독립이 가능한, 돈 잘 버는 직업으로 이끄는 길, 그 길을 택해야만 했다. 그랬기에 어렸을 때부터 유독 그림 그리길 좋아했던 나는 내 꿈을 파묻고, 마케팅을 선택했다. 그리고 곁눈질 한 번 하지 않은 채 앞만 보고 나아갔다.

내가 대학을 졸업하던 날이 아마도 나의 어머니에겐 딸의 탄생 이후로 인생에서 가장 감격스럽고 행복한 날이었을 것이다. '내 딸은 나보다 훨씬 나은 미래를 갖게 되겠지.' 엄마의 기쁨이 감춰진 내 상처에 진통제 역할을 해주었다. 계속된 진통제 처방에 익숙해진 나는 '이 길도 그리 나쁜 건 아니야.'라고 스스로를 설득하기에 이르렀다. 하지만 내 안에서는 뭔가가 곪고 뒤틀려 있었다. 묻혀버린 어릴 적 꿈, 진심이 묵살 당했기 때문이다.

사회생활의 첫 시작은 매우 유망해 보였다. 사람들과 교제하는 데 재능이 있었기 때문인지도 모른다. 그 뒤에 결혼을 하고 아드리앵이 태어나자, 나는 또 다시 내 야망을 억눌렀다. 세상에서 가장 귀한 아들을 제쳐두고 자신의 일을 우선시하는 엄마가 되고 싶지 않았기 때문이다. 그래서 주 4일 근무로 바꾸기로 결심했다. 나는 최선의 선택을 한 거라고 순진하게 생각했다. 그때만 해도 '파트타임 정규직'이라는 모호한 위치가 가져다 줄 결과를 미처 계산하지 못했다. 다른 직원들이 5일에 해야 하는 일을 4일만에 해치워야 하는 어려움은 제쳐두고라도, 동료들과 상사들로부터 차별받는다는 사실이 명확해졌다. 단지 근무 시간 때문에 생겨난 불공평한 저평가가 피부로 느껴졌다.

직업에서의 정규직 생활은 사랑에서의 정규직 생활과 거의 동시에 시작되었다. 물론 좋은 때도 있고 나쁜 때도 있었지만, 비교적 검은 구름 없이 평온하게 12년을 보낸 편이었다. 40대를 눈앞에 둔 시점, 정확히 말해 38년하고 3개월 정도가 지난 지금, 내 삶의 대차대조표는 그리 나쁘지 않았다. 남편이 아직 내 곁에 있고(그래서인지 더 불안할 때가 있지만), 사랑스러운 아이가 있으며, 고객과의 계약을 성사할 때마다 특별 상여금까지 받을 수 있는 좋은 일자리가 있기 때문이다.

그러니 모든 것이 비교적 순조롭게 흘러가고 있는 셈이었다. 비교적! 그런데 내가 서둘러서 클로드 뒤퐁텔을 만나러 가고 있는 건 바로 그 비교적 때문이다. '비교적' 뒤에 숨어 내 삶을 갉아먹고 있는 정체 모를 감정들 때문에.

6

약속 시간 즈음해서 정문이 어마어마하게 높은 멋진 건물 밑에 이르렀다. 반듯반듯하게 자른 돌들로 우아하게 만든 벽, 다듬은 철로 엮은 독특한 발코니, 멋스러운 돌을 장식……. 나는 커다랗게 빚은 여인상들이 내려다보고 있는 호사스러운 홀 안으로 들어갔다. 그리고 그 웅장함에 약간 위축되어 생쥐걸음으로 살금살금 걸어 안뜰로 향했다. 예쁘게 포석이 깔린 뜰에는 풍부한 색조들을 뽐내는 식물들이 자라고 있었다. 도시라는 정글 속에 자리한 안식처! 클로드는 안뜰의 왼편에서 첫 번째 문으로 들어오라고 가르쳐주었다.

벨을 누르자마자 키가 작고 호리호리한 여성이 마치 문 뒤에서 나를 기다리고 있었다는 듯이 재빨리 문을 열어주었다.

"카미유 씨인가요?"

그녀가 나를 보자마자 그렇게 물으며 활짝 웃었다.

"네. 그런데요."

얼떨결에 대답한 나는 조금 당황스러웠다.

그녀는 자신을 따라 오라며 긴 복도로 안내했다. 재미있다는 듯 호기심을 갖고 나를 바라보는 그녀의 시선이 느껴졌다. 나는 거울 앞을 지나면서 혹시 립스틱이 번진건지, 옷차림에 뭔가 잘못된 게 있는지 확인해 보았다. 하지만 이상한 점은 없어 보였다.

화려하고 푹신한 소파가 있는 대기실로 안내한 그녀는 소파에 잠깐 앉아 있으라고 했다. 뒤퐁텔 씨가 곧 올 거라며. 대기실 곳곳이 세련된 현대미술 작품들로 장식되어 있어서 눈길을 끌었다. 난 온갖 형태들이 서로 얽혀있고, 섬세한 색조의 변화가 아름다운 그 작품들에 금방 매료되었다. 잠시 후에 비서가 다른 여성을 한 명 데리고 다시 나타났다. 아직 30대가 안 되었을 것 같은 젊은 여성이었다. 그녀는 소파로 다가와 내 왼쪽에 앉았다. 매력적인 갈색머리 여자였다. 그녀의 날씬한 몸매와 우아한 취향이 부러웠다. 내가 말없이 자신을 훑어보고 있음을 눈치챘는지 그녀가 나를 보며 미소를 지었다.

"클로드와 약속이 있나 보죠?"

"네."

"처음 오셨어요?"

"네."

"그럼 금방 아시게 될 거예요. 그는 정말 특별한 분이에요! 내게 기적을 일으켰거든요……. 물론 처음엔 그의 방식이 낯설고 놀랍긴 할 거예요. 하지만……."

그녀는 뭔가 더 말하려는 분명한 의도를 갖고 내 쪽으로 몸을 굽

혔다. 그런데 바로 그때 문이 열리며 클로드 뒤퐁텔이 들어왔다.

"아, 소피. 당신이 있었군요. 카미유, 잘 왔어요. 잠깐만 기다려줄래요? 소피에게 줄 게 있어서요. 곧 돌아올게요."

소피라고 짐작되는 여성은 마치 세상 끝까지라도 따라갈 것처럼 그의 뒤를 바짝 따라 나섰다. 복도에서 호호호 거리는 그녀의 경쾌한 웃음소리가 들렸다. 두 사람은 놀랄 만큼 뜻이 잘 맞는 것 같았다! 사무실 문이 닫혔다. 침묵. 잠시 후에 다시 문이 열렸고, 낮은 웃음소리도 다시 들렸다. 이제 곧 이쪽으로 오겠지…….

난 조심스럽게 외투 끝자락에다 한 손을 닦았다. 긴장되어 젖은 흔적이 지워지길 바라면서. 이런 만남 때문에 이토록 겁을 내다니 얼마나 한심한가! 그저 호기심 때문에 한 번 방문했을 뿐인데.

"카미유? 들어오세요. 이쪽으로……."

나는 그를 따라서 그의 사무실로 들어갔다. 사무실 역시 놀랄 만큼 세련된 분위기였다.

"자, 앉아요. 다시 만나게 되어서 기쁘군요."

그는 자신의 말을 절대로 부인할 수 없게 만드는 매력적인 미소를 지으며 말했다.

"당신이 여기 온 건 당신의 삶에서 무언가를 바꾸고 싶어서겠죠?"

"네. 실은 지난번에 하신 말씀이 무척 흥미로웠어요. 그때 말해주신 기법에 대해서도 좀 더 알고 싶어졌고요."

"제가 사용하는 기법은 흔히 볼 수 있는 상투적인 게 아니에요. 이론보다는 실험적인 접근을 중요시하기 때문이죠. 변화를 바라는 사람이 자신의 진실을 찾게 되는 것도, 그리고 자신의 삶에 어떤 의미를 둬야 할지 깨닫게 되는 것도 반드시 '사무실 안이 아닌 밖에서'라는 원칙에서 출발해요. 행동, 구체적인 것, 경험을 중시하죠."

"알겠어요……. 방금 삶에 의미를 둔다고 하셨죠? 그게 무슨 말인지 알 것 같아요. 사실 그거야말로 모든 사람이 원하는 것 아닐까요? 삶의 의미란 뭐랄까, 성배 같은 거랄까요……. 너무 찾기 어려운 것 같아서요. 그래서 어디서부터 시작해야 할지 도무지 모르겠어요."

"염려하지 말아요! 삶에 의미를 두는 것 자체가 변화의 길잡이 역할을 하거든요. 우리는 그저 한 단계씩 차례로 나아가기만 하면 돼요."

"한 단계씩 차례로?"

"그렇죠. 변화를 위한 여정에서 하루아침에 검은 띠를 딸 순 없거든요. 당연한 거예요. 한 단계씩, 한 걸음씩 성장하는 거예요.

변화에 관해 이야기할 때면, 사람들은 대부분 뭔가 거대하고 급진적인 걸 상상하죠. 하지만 결정적인 삶의 변화들은 하찮아 보이는 아주 작은 변화들로부터 시작하는 법이에요. 앞으로 내가 하는 이야기들이 당신에겐 너무 당연한 것들처럼 보일 수 있어요. 하지만 속지 말아요. 모든 복잡한 상황은 단번에 만들어진 게 아니라, 매일매일 행한 작은 일상들이 모여서 형성된 것이니까요.

우리는 자신이 끊임없이 되풀이한 것들의 결과이다.

아리스토텔레가 한 말이죠. 옳은 말이에요. 좀 더 낫고, 좀 더 행복하고, 좀 더 균형 잡힌 사람이 되려면 좀 더 나은 행동이 필요해요. 더 나은 사람이 되기 위해선 무엇을 해야 하는지, 그걸 아는 건 어려운 게 아니에요. 정말 어려운 건, 확고하게 그 길에 들어서서 '이론'을 '실제'로 바꾸는 것이죠. 카미유, 당신도 곧 알게 될 거예요."

"당신은 뭘 믿고 내가 그렇게 할 수 있으리라고 생각하세요?"

"그걸 믿는 건 내가 아니라, 당신이어야 해요! 하지만 당신이 그렇게 할 수 있을까를 자문하기보다는 당신이 정말로 그것을 원하는지, 그 질문을 스스로에게 하는 것부터 시작해야 해요. 카미유, 당신은 정말 변화를 원하나요?"

"아, 네……. 네, 그렇다고 믿어요."

그가 너그러운 미소를 지었다. 그리고 책상 옆 벽에 붙어 있는 자료들을 가리켰다. 나는 벽 쪽으로 다가갔다.

기쁘게 자기 일을 하면서 활짝 웃고 있는 사람들, 감사의 글이 적힌 그림엽서들과 편지들…….

"이 사진과 편지 속 사람들도 이 과정을 시작할 때는 모두 당신처럼 반신반의했어요. 처음엔 당연한 반응이에요. 하지만 한 가지 꼭 필요한 건 있어요. 이 과정에 기꺼이 뛰어들겠다는 바른 동기가 필요해요! 카미유, 당신은 변해야 한다는 충분한 동기를 느끼고 있나요?"

나는 내 자신의 마음속 깊은 곳을 헤아려보았다.

"오, 그럼요. 조금 두려운 생각이 드는 건 사실이지만, 나의 모든 상황이 변하길 진심으로 바라고 있어요! 하지만 어떻게 해야 하는지…… 전혀 모르겠어요."

"그럴 거예요. 당신이 그 점을 분명히 볼 수 있도록 아주 작고 단순한 연습을 한번 해볼래요? 전혀 힘들지 않고, 시간도 얼마 걸리지 않아요."

"네, 물론이죠!"

"좋아요. 그럼 당신의 삶에서 변화시키고 싶은 것 전부를 구체적으로 종이에 써 보겠어요? 내가 '전부'라고 말했다는 걸 기억하세요. 아주 하찮은 것에서부터 매우 중요한 것에 이르기까지, 전부 다. 하지만 자체 검열은 하지 말아요, 알았죠? 할 수 있겠어요?"

"알겠어요. 그렇게 할게요."

그는 나를 한쪽 구석에 있는 작은 책상에 앉게 했다. 책상 위에는 필기구와 종이들이 '더 나은 삶을 갈구하는 도전자'를 기다리고 있었다.

"그럼 혼자 조용한 시간을 가질 수 있게 난 밖에 나가 있겠어요. 잠시 후에 돌아올게요."

아주 쉽고 단순한 과제라고 생각했다. 그래서 내 삶의 영상들을 엄격하게 검토하면서 머릿속에 떠오르는 것들을 적기 시작했다. 나는 생각들이 마구 떠오른다는 사실이 기뻤다. 하지만 잠시 후, 내 리스트가 점점 길어지는 것을 보며 그 기쁨이 서서히 줄어들기 시작했다. 그리고 마침내 내가 쌓아두었던 불만의 숫자를 목격하고 충격을 받았다.

클로드가 다시 들어왔다. 그는 내 길고 긴 리스트를 보고도 눈썹 한 번 찡그리지 않는 섬세함을 보여주었다. 그는 단지 이렇게 말했을 뿐이다.

"아주 잘했어요."

나는 초등학생처럼 클로드의 칭찬을 듣고 좋아하는 나 자신을 질책했다.

'아니, 이렇게나 불만이 많다는 걸 보여주는 리스트를 작성하고 만족하다니. 카미유, 넌 대체 생각이 있는 거야 없는 거야!'

그가 이런 나의 생각을 읽은 게 분명했다.

"당신 자신에 대해 자랑스럽게 생각해야 해요. 자기 삶의 부정적인 면들을 전부 종이 위에 써낼 수 있다는 건 보통 용기가 아니거든요. 그 점에서 당신은 자신의 용기를 마음껏 자랑스러워해도 돼요."

"난 내 자신을 자랑스럽게 여기는 게 어려워요. 거의 언제나 그런 편이죠……."

"그런 태도는 쉽게 변할 수 있어요."

"내가 쓴 것들을 보고 있자니, 그 말은 믿기 어려운데요."

"카미유, 당신에게 주는 첫 번째 과제는 이거예요. 자신이 변할 수 있다고 믿는 것. 그럴 준비가 되어 있나요?"

"아…… 네, 믿어요……. 네, 확신해요!"

"좋습니다!

변화는 안에서만 열리는 문이다.

톰 피터스가 한 말 그대로예요. 변화를 결심할 수 있는 건 오직 자신뿐이죠. 난 당신이 그렇게 할 수 있도록 도울 수 있어요. 하지만 당신의 완전한 참여를 필요로 해요."

"완전한 참여라는 게 무슨 뜻이죠?"

내가 조금 불안해하면서 물었다.

"내가 내주는 과제를 전심으로 실천할 준비가 되어 있어야 한다는 뜻이에요. 오, 안심해요. 위험할 것도 없고, 당신 능력 밖의 것도 아니니까요. 당신과 나는 윤리적 테두리 안에서 당신의 발전 속도에 따라 함께 훈련해나갈 거예요. 당신이 가져야 할 유일한 목표는 삶의 변화를 이끌어낼 수 있는 긍정적 시동 장치를 스스로 만들어내는 거예요."

"당신이 요구하는 방식이 마음에 들지 않으면 어쩌죠?"

"반드시 따라야 할 의무는 없어요. 언제라도 멈추고 싶으면 멈춰도 됩니다. 하지만 이 과정을 따라가 보겠다고 마음먹었다면, 400퍼센트 뛰어들라고 말하고 싶어요. 그러면 훨씬 더 나은 결과를 얻게 되니까요."

"보통 그 과정을 완수하는 데는 시간이 얼마나 걸리나요?"

"당신이 행복한 삶을 설계하기 위해 필요한 시간만큼!"

"네?"

"대략 6개월에서 1년 정도 걸려요."

"음……, 알겠어요. 또 하나 질문이 있어요. 이 과정을 따라가는 데 필요한 비용에 대해선 아직 아무 말을 안 하셨는데, 내가 가진 돈으로 충분할지 모르겠네요."

"타성 치유학에서는 각자의 수준에 맞는 독특하고 특별한 방식을 사용해요. 그러니 비용이 일률적일 수가 없죠. 각자 주고 싶은 만큼만 주면 됩니다. 물론 당신이 성공했다고 생각할 때만 지불하는 거예요. 내 방식이 실패하면 당신은 만족할 수 없겠죠. 그럴 땐 한 푼도 내지 않아도 돼요."

"네? 아니, 그런 말도 안 되는 경우가 어디 있어요! 그럼 당신은 어떻게 생활을 꾸려간단 말이에요? 각자 원하는 만큼 내는 거라면, 사람들이 양심에 따라 정직하게 지불할 거라고 어떻게 믿을 수 있어요?"

"그건 지금 당신이 세상에 대해 갖고 있는 관점이에요, 카미유. 난 다른 가치들을 믿어요. 지식의 공유라든가, 무조건적인 지원, 서로 간의 신뢰 같은 것들을 기대하죠. 실제로 내가 도움을 줬던 사람들은 일단 자신들의 목표에 도달하면 내 생각보다 훨씬 더 관대하게 날 대해주더군요. 그런 사례는 얼마든지 확인시켜줄 수 있어요. 난 각자가 가지고 있는 성공의 잠재력을 확신하는 사람이에요. 자신의 개성과 진정한 가치를 존중할 때만 계발되는 잠재력이죠. 그러려면 자신의 진정한 모습에 일치하는 삶을 설계해야 하는데, 여기엔 진지하게 참여하는 태도와 많은 노력이 요구돼요. 대신 그 보상은 정말 놀랍고 엄청나죠!"

"당신이 도와준 사람들 중에서 실패한 경우도 있나요?"

"단 한 번도 없어요."

"……."

"자, 오늘은 여기까지 하는 게 좋겠군요. 오늘 했던 이야기들을 다시 한 번 차분하게 생각해볼 시간을 드릴게요. 일단 첫 번째 단계에 들어가 보세요. 변화에 대해 생각해봐요. 그러고 나서 계속하든지,

중단하든지 결정하도록 해요."

"생각해볼게요, 고마워요, 클로드."

그는 나를 문까지 데려다 준 뒤에 확신에 찬 손을 내밀었다. 인생에서 자신이 원하는 게 무엇인지를 잘 알고 있는 사람의 손이었다. 나는 그런 그가 부러웠다.

7

클로드와의 면담은 나를 혼란스럽게 했다. 손이 약간 떨렸다. 두려움 때문인지 아니면 기대에 찬 흥분 때문인지 알 수 없었다. 집으로 돌아가기 위해 전철역 쪽으로 걸어가는 동안, 머릿속에서 수많은 생각들이 미친 속도로 마구 날뛰었다. 한 걸음 뗄 때마다 클로드가 한 말들이 떠올랐고, 그때마다 나의 결심도 점점 확고해졌다.

"우리 각자는 인생에 대한 의무를 가지고 있어요. 자기 자신을 아는 것, 시간이 한정되어 있음을 의식하는 것, 삶 속에 적극적으로 뛰어들어서 의미 있는 것을 선택하는 것. 특히 자신의 재능을 낭비하지 않는 것……. 카미유, 자아실현은 언제나 절박한 일이에요."

저녁 시간 내내 나의 삶이 어떤 지경에 이르렀는지 곰곰이 생각해보았다. 나는 지금 괜찮은가? 일터에서는? 남편의 사랑과 아들의 사랑에서는? 모든 것이 누추한 속옷을 가리기 위해 급히 걸친 겉옷 같았다. 이제는 진짜 얼굴을 가리고 있는 너울을 벗어던지고, 다시 한 번 인생을 스스로 장악해야 할 때였다.

자라는 내내 나와 엄마의 관계는 긴장의 연속이었다. 관계도 대물림이 되는 것일까. 아들과 나 사이에도 언제부터인가 갈등이 고조되고 있었다. 모든 것이 나를 짓눌러 왔다. 아이의 학교생활과 여가 활동, 건강 문제들 속에서 나는 조금도 자유롭지 못했고, 나 자신을 위해선 단 1분도 쓰지 못했다. 집에 발을 들여놓는 순간부터 집안일에 치였다. 나 자신을 조금도 돌볼 수 없는 생활 속에서 내 인내심은 거의 한계 수위에 달해 있었다. 그래서 아무것도 아닌 일에도 짜증이 났다. 특히 올해는 아이의 담임이 너무나 열성적인 탓에 숙제가 세 배로 늘어났다. 학교에 다녀온 것만으로 이미 피곤할 대로 피곤해진 아드리앵은 막중한 숙제를 처벌로 받아들였다. 숙제와의 전쟁은 끝이 없었다. 난 마치 죽은 당나귀를 끌듯이 아이를 끌고 가야 했다. 나는 소리를 질렀고, 아이는 폭발했다. 눈물을 쏟기도 하고, 격하게 신경질을 내기도 하고…….

요즈음 아이가 제일 좋아하는 게임은 마인크래프트였다. 아이는 자신이 게임 속에 구축한 상상의 세계를 가끔씩 엄마가 봐주길 바랐다. 아니면 유튜브에 올라온 흥미로운 비디오를 같이 봐주던지…….

"우리 귀요미! 미안하지만 엄마는 지금 시간이 없어. 저녁 준비를 해야 하거든."

늘 그런 식이었다. 몇 달 전부터 난 모든 에너지가 다 빠져버린 기분이어서 세상에 대해 도통 흥미를 느끼지 못했다. 그러면서 나 자신도 깨닫지 못한 채 아들과의 관계에 깊은 골을 파고 있었다. 그럴 때마다 실망한 아이는 몹시 슬픈 표정으로 돌아서곤 했다.

"엄만 나하고 아무것도 안 해!"

아이는 때때로 그렇게 나를 질책했다.

그러면 난 나 자신을 정당화하기 위해 아이와 싸웠다.

"아드리앵, 제발 조금만 엄마를 이해해줘. 너도 이젠 다 컸잖니. 엄마가 너랑 놀고 있으면 저녁밥이 저절로 준비되니? 엄만 지금 해야 할 일이 있단 말이야. 그리고 네게 장난감이 얼마나 많……."

"장난감이 많으면 뭐해요. 함께 놀 사람이 없는데! 나는 왜 동생이 없어?"

그 말에 또 죄책감……. 어째서 유럽 여성이라는 이유로 2.01의 평균 출산율을 지켜야 한다는 거지? 내가 한 명만 원한다는데! 사회적 압력, 그 또한 나를 짜증나게 만들었다. 사람들은 내 귀에 대고 진부한 문장을 끊임없이 떠들어댔다. "혼자 크는 아이는 너무 외로워요. 심심해서 못 견딜 거예요."

내가 아이를 더 낳고 싶지 않다고 했을 때 세바스티앵은 몹시 실망했다. 어쩌면 그것 역시 우리 부부가 거리를 갖게 된 데 한몫하고 있는 건 아닐까?

거기까지 생각이 미쳤을 때, 내 시선이 남편에게로 향했다. 내가 집에 들어와도 눈길 한 번 주지 않고, 나의 내적인 동요 따위는 눈곱만치도 의식하지 못한 채 소파에 길게 누워 한 눈으로는 텔레비전을, 다른 한 눈으로는 스마트 폰을 쳐다보고 있는 남자. 그 모습이 즉각 시동 장치가 되었다. 그 순간 나는 이 마비 상태에 빠진 행복, 오선지처럼 반듯한 행복에서 벗어나고 싶었다. 겉모습만 예쁘장한 이런 작은 행복에 취해 만족하는 짓거리는 이제 그만하고 싶었다. 영원할 것처럼 보이는 것, 빤히 예상할 수 있는 것, 진부한 것들을 싹 뒤집어엎고 싶었다! 안심할 수 있는 것들을 모조리 흥분케 하는 것들로 확 바꾸고 싶었다! 한 마디로 '초기화' 버튼을 눌러서 처음 상태에서 다시 새롭게 시작하고 싶었다.

나는 클로드에게 문자를 보내기 위해 휴대폰을 들었다. 그리고 즉시 '보내기' 버튼을 눌러버렸다. 마치 지붕에 올라간 뒤에 발밑에 있는 사다리를 차서 넘어뜨리는 사람처럼, 더는 뒤로 돌아가지 않겠다는 결심을 확고히 하기 위해서였다. 생각을 많이 하면 뒤로 물러나게 될지도 모르니까.

일단 시도해보기로 마음먹었어요. 선생님의 방법이 어떤 결과를 가져올지 한번 보려고 해요. 어차피 나로선 잃을 게 없으니까요, 안 그래요?

1시간 후에 들려온 문자 수신음 소리에 전율이 느껴졌다.

첫 걸음을 내딛었군요. 축하해요, 카미유! 많은 대가를 치르게 될 테지만, 절대로 후회하지 않을 거예요. 이제부터 우편함을 자주 들여다 보도록 하세요. 거기에 내가 주는 첫 번째 메시지가 있을 거예요. 그럼, 곧 다시 만나요.

나는 흡족했다. 흥분되었다. 그리고 불안했다. 세 가지 감정이 동시에 느껴졌다.

그날 나는 스키를 타고 전속력으로 계곡을 내려오는 꿈을 꾸며 흥분된 밤을 보냈다. 스키를 타는 동안은 너무 즐거웠다. 온갖 시도에도 불구하고 스키를 멈출 수 없음을 깨닫기 전까지는……. 나는 땀에 흠뻑 젖은 데다 두려움에 몸이 얼어붙은 채 꿈에서 깨어났다.

다음 날 회사에서 보낸 하루는 끝이 없을 것처럼 길게 느껴졌다. 일이 끝나자마자 편지함을 열어보기 위해 숨이 턱에 닿도록 급히 집으로 돌아왔다. 실망. 우편함은 비어 있었다.

'한심한 카미유! 넌 너무 초조해 하고 있어. 그 사람은 너만 돌보고 있는 게 아니잖아.'

다음 날에도 우편함은 여전히 비어 있었다. 또 한 번의 실망.

'흠, 이틀이나 지났는데…….'

그 다음날도…… 역시 텅 비어 있었다!

나는 간신히 화를 억눌렀다. 흥분이 낙심으로 바뀌었다. 대체 언제부터 시작한다는 거지? 들뜬 기다림의 일주일이 지나고 나자, 더 참을 수 없어서 클로드에게 전화를 했다. 그의 비서가 매력적인 목소리로 대답했다. 상대방의 모든 초조함을 진정시킬 수 있도록 자동화된 목소리.

"죄송하지만, 뒤퐁텔 씨는 오늘 하루 종일 스케줄이 꽉 차 있어요. 메시지를 대신 전해드릴까요?"

"아, 네. 고마워요. 내 프로그램이 언제부터 시작될 건지 알고 싶어서요."

"지난번 면담 때 뒤퐁텔 씨가 뭐라고 하셨나요?"

"우편으로 지시가 갈 때까지 기다리라고 했어요."

"그렇게 말씀하셨다면, 그냥 기다리시면 돼요. 그럼, 다음에 다시 뵐게요. 좋은 하루 보내세요."

그녀의 화사한 목소리가 신경에 거슬렸다. 안달이 난 나는 분한 마음으로 전화를 끊었다. 잡지 한 권이라도 손에 잡히기만 하면 당장 발기발기 찢어버리고 싶었다.

제3장

절대 기다리지 말 것

8

그로부터 사흘 후, 드디어 그렇게도 기다리던 편지를 받았다! 무려 열하루 동안이나 인내심을 발휘한 뒤였다. 나는 몹시 흥분하여 그 안에 무엇이 들었을까 추측해보면서 편지봉투를 열었다.

안에는 체인 하나가 들어 있었다. 다양한 참을 걸어 쓸 수 있는 긴 목걸이였다. 목걸이에는 하얀 연꽃 모양의 작고 앙증맞은 참 하나가 달려 있었다.

나는 클로드가 네 번 접은 편지지를 급히 펼쳐보았다. 손으로 직접 쓴 편지였다.

카미유, 안녕하세요?

당신의 삶을 장악하기 위해 새 출발을 하기로 결심했다니 무척 기쁘군요. 나는 당신을 믿어요. 그리고 지금부터 당신이 목표에 이르기 위한 용기를 갖게 되길 진심으로 바랍니다. 환영과 격려의 표시로 하얀 연꽃 모양의 첫 번째 목걸이를 드립니다. 앞으로 당신은 '변화의 단계'를 한 층씩 올라갈 때마다 매번 다른 색깔의 연꽃을 받게 될 거예요. 무술에서 그렇듯이, 이 과정에서도 연꽃의 색이 수준에 따라 달라진답니다. 흰색은 초보 단계, 그 다음은 노란색, 초록색, 보라색…… 그렇게 해서 변화의 최종 단계를 뜻하는 검은 연꽃까지 이르게 되지요. 그것은 당신이 마침내 목표에 이르렀다는 것을 알려줄 겁니다.

나는 그 원칙에 매료되어서 펜던트를 한 번 뒤집어 보았다. 그러고 나서 다시 편지를 읽어 내려갔다.

당신은 몰랐겠지만, 실은 당신의 훈련은 이미 시작되었어요. 그리고 당신은 벌써 첫 번째 교훈을 배웠지요. 교훈은 이것입니다.

'절대로 기다림과 수동성 안에 머무르지 말 것.'

당신은 아마 뭔가를 지시하는 편지가 오길 기다리면서 시간을 보냈겠지요. 그런데 카미유, 한 가지를 꼭 기억하세요. 당신은 자신의 삶을 움직일 수 있는 유일하고도 특별한 사람입니다. 따라서 당신의 모든 움직임은 언제나 당신으로부터 출발해야 합니다. 나는 안내자일 뿐, 당신을 대신하여 무엇을 하는 일은 절대로 없을 거예요.

다음 문장을 포스트잇에 써서 붙여놓고, 매일 보도록 하세요.

"나는 나의 삶과 행복에 대해 책임을 가진 유일한 사람이다."

이제 당신에게 첫 번째 임무를 드리지요. 일명 '여백 만들기' 작전입니다. 안과 밖, 전체를 청소해보세요.

우선 당신이 맺고 있는 관계들과 당신의 일상 속에서 해롭고, 불쾌하고, 긴장하게 만든다고 생각되는 것들을 모두 찾아내보세요. 그러고는 가능한 모든 방법을 동원해서 당신의 내면을 개선시키세요. 내적인 청소인 셈이지요. 나는 그걸 인성보호운동이라고 부른답니다!

동시에 생활환경도 청소하세요. 당신의 집에서 불필요한 물건을 적어도 열 개 이상 버리고, 집안의 물건들을 모두 정리하고 분류하는 겁니다. 그런 다음 결과물들을 사진 찍어서 보내주세요. 2주의 시간을 드리지요. 물론 그동안에도 조언이 필요하다면, 메일이나 문자를 통해 언제라도 어려움을 이야기할 수 있습니다. 그러면 반드시 시간을 내서 답장을 보내드릴게요. 그럼 용기를 내서 도전하시길 바랍니다. 2주 후에 만나요!

클로드

편지가 내 손에서 스르르 빠져나갔다. 대체 이게 무슨 프로그램이란 말인가! 청소라니, 이건 정말이지 내게 조금도 환상을 품게 하지 못했다. 게다가 우리 집 상태를 보고 나서는 저절로 한숨이 나왔다. 대청소 따위에 할애할 시간이 없음은 말할 것도 없다. 난 절대로 시간을 내지 못할 것이다! 주 4일만 일하는 것을 상쇄하기 위해 항상 늦게 퇴근했다. 매일 밤 집안일을 처리하기도 벅찼다. 회사를 쉬는 수요일엔 아드리앵의 과외활동을 따라갔다가 병원에도 데리고 가야 해서 그야말로 마라톤을 하듯 하루 종일 바쁘게 지내야 했다. 클로드는 세부사항 한 가지를 잊고 있었다. 내가 집에서 살림만 하는 여자가 아니라는 사실을! 나는 온 종일 나만을 위해 쓸 수 있는 날이라곤 단 하루도 없는 여자였다.

나는 이런 나의 불안을 곧 문자로 써 보냈다.

안녕하세요. 여백 만들기 임무는 내게 너무 어려운 것 같아요. 일하고, 아이를 돌보느라 전 정말 시간이 없어요. 어떻게 하면 좋을까요? 카미유.

문자에 대한 답은 그날 늦은 시간이 돼서야 메일로 왔다.

친애하는 카미유

시간 자체는 문제가 안 됩니다. 정작 문제되는 것은 당신의 생각이지요. 만일 시간이 문제라고 생각한다면, 그 순간부터 정말로 시간이 문제가 될 거예요. 반대로 당신이 그 일을 해낼 수 있을 거라고 확신한다면, 실제로 그렇게 할 수 있는 많은 가능성들이 틀림없이 주어질 겁니다.

한번 시도해보세요. 당신의 뇌는 당신이 선택하는 쪽을 믿는다는 걸 보게 될 테니까요.

꼭 기억하세요. 에너지가 에너지를 부른다는 것을요. 이런 노력이 처음엔 몹시 어렵게 보일 테지만, 시간이 흐를수록 점점 쉬워질 거예요.

너무 걱정하지 말아요. 걱정이란 건 하면 할수록 더 걱정이 되는 법이거든요! 그럼 용기를 갖길 바라면서……

클로드

할 수 있다고 믿으면 할 수 있다고? 뭐야, 아디다스 광고 카피야? 어쨌든, 좋아! 그렇다면 나도 할 수 있다는 것을 보여주지!

9

다음 날 저녁 나는 아드리앵이 잠들자마자 먼지와 무질서에게 전쟁을 선포했다. 무기는 퇴근길에 사온 100리터짜리 쓰레기봉투 묶음과 온갖 청소도구들이었다. 힘이 넘쳐흘렀다, 정말로!

세바스티앵은 눈을 동그랗게 뜨고서 내가 하는 행동을 지켜보았다. 그의 눈엔 빈정거리는 빛이 역력했다. 회의적인 기색도 똑똑히 읽을 수 있었다. 하지만 어쨌거나 상관없다! 온 집 안을 회오리바람처럼 쓸고 가며 청소하는 나의 열정은 그 무엇으로도 막지 못했다.

어느 정도 시간이 지나자 드디어 복도의 벽장을 열어젖히는 일만 남았다. 벽장 속엔 귀퉁이가 떨어져나갔거나 심지어 가운데가 죽 찢어진 채로 산처럼 쌓여있는 종이상자들과 뒤죽박죽으로 쌓여 있는 아무짝에도 쓸데없는 고물들 한 무더기가 들어 있었다. 우리 집엔 정원이 없는데도 장식촛대가 달린 정원용 램프에서부터 시작해서 버려진 인형, 너무 크거나 작거나 낡은 옷가지들, 구멍 난 스웨터와 좀이 난 스웨터, 보풀이 잔뜩 일어난 스카프들, 한 번도 사용하지 않은 운동기구와 그 안에 쑤셔 박아놓은 배드민턴 채, 뜯지도 않은 편지들과 지금은 얼굴도 생각나지 않는 사람들이 보낸 뜯어본 편지들, 아주 오랜 옛날 세바스티앵이 감상에 젖어 사온 '훌쩍훌쩍'이라고 씌어 있는 손수건 묶음, 중학교 성적표, 오래 되어서 쩍쩍 붙어버린 그러나 어쨌든 아직까지도 간직하고 있는 결혼식 답례용 아몬드 사탕이 들어 있는 종이상자, 콘서트에 가서 흔들어대던 야광봉……. 정말이지 온갖 잡동사니가 들어 있는 추억의 보따리들이었다.

나는 벽장에서 이런 것들을 모조리 꺼냈다. 그리고 먼지가 잔뜩 쌓인 이 거대한 무더기 앞에서 하마터면 전의를 상실할 뻔했다. 하지만 쓸데없는 것들을 하나씩 버려갈 때마다 내 머릿속에서도 삶을 위해 꼭 필요한 공간들을 되찾게 되었다. 놀랍게도 '여백 만들기' 작전은 내게 참으로 유익했다.

이런 방식으로 나는 저녁마다 무질서를 내몰고 정돈된 영역을 조금씩 늘려갔다. 가구들 뒤에 숨어 있던 뜻밖의 난감한 광경들, 잊고 있던 구석진 곳들, 워낙 익숙해져서 감히 버리지 못하던 물건들을 모두 미련 없이 몰아냈다. 반란을 일으키던 먼지들이여 안녕, 세면대 안에서 사라져야 마땅한 머리카락들이여 안녕, 때가 새까맣게 낀 지저분한 틈새들 역시 안녕, 안녕! 쉬지도 않고, 포기하지도 않고 전쟁에 충실히 임한 나는 마침내 멋진 보상을 받기에 이르렀다. 전쟁 개시 일주일 후, 우리 집이 거의 모델하우스처럼 변한 것이다. 나는 기뻤다.

"당신을 누가 말릴 수 있겠어."

세바스티앵이 본심을 숨긴 채 약간 비꼬는 태도로 한마디 했다. 그 말투에는 어떤 감탄 같은 것도 배어 있었다.

"정말 좋다, 안 그래?"

"그래, 그래. 좋아. 흠, 뭐랄까…… 당신이 하루아침에 갑자기 변한 것 같아서 좀 놀랐어."

뭐라고? 갑자기 변해서 놀랐다고? 그럼 '나는 지금부터 변하겠습니다.' 하고 미리 통지서라도 보냈어야 한다는 거야? 온 가족의 행복을 위해 하는 일에도 밟아야 할 절차가 있다는 소리야? 변화에 대해 미지근한 그의 태도가 별안간 내 신경을 긁었다. 나는 그가 나의 변화에 감동하고, 그래서 그 변화에 함께 참여하고 뭔가…… 어쨌든 뭔가 더 좋은 반응이기를 원했다. 그런데 그는 어째서 늘 우리 부부의 삶에 구경꾼 같다는 인상을 주는 걸까? 나는 그를 마구 흔들어 깨우고 싶었다. 우리의 상황을 변화시키는 것이 얼마나 시급한 일인지 아느냐고 외치고 싶었다. 변화에 도통 관심이 없는 그의 태도가 나를 숨 막히게 하고, 마치 파도가 서서히 절벽을 깎아 들어가듯 그에 대한 내 감정을 사그라뜨리고 있다는 것을 알려주고 싶었다.

다음 주말, 나는 여백 만들기 작전에 남편과 아들을 동참시켰다. 덕분에 그 주말은 페인트 붓과 페인트가 얼룩덜룩하게 묻은 낡은 티셔츠, 피자 파티, 거실 한가운데 마련한 캠핑용 텐트 속에서 지나갔다. 정말이지 오랜만에 셋이 함께한 시간, 주말 노동의 보상은 이러했다. 새롭게 불꽃이 지펴진 우리 집과 우리 가족, 우리의 콧구멍을 가득 채운 새 페인트 냄새, 몇 번씩이나 덧칠을 한 탓에 생겨난 팔다리의 통증, 그리고 행복. 그것은 분명 행복 그 자체였다.

10

나는 일주일 후에 깔끔하게 정리된 우리 집을 사진으로 찍어서 클로드에게 보냈다. 클로드는 그 결과를 높이 평가해주었다. 그러고 나서 내게 이메일을 보냈는데, 거기엔 어떻게 다음 단계로 넘어갈지에 대한 설명이 씌어 있었다. 이번 과제는 내적인 청소였다. 나의 정체성을 확인시켜주고, 나아가 주변 사람들과의 관계를 오염시키는 모든 것을 털어내는 단계라고 했다.

카미유, 당신도 이번에 배웠겠지만 삶이란 열기구 같은 거예요. 더 높이 올라가고 싶을수록 짐을 더 줄이고, 상승을 방해하는 것들을 몽땅 내던져버릴 줄 알아야 해요.

그는 우리의 삶을 열기구에 비유한 뒤에 인생에서 내가 더는 원치 않는 요소들을 A4 용지 한 장에 한 가지씩 있는 대로 적어보라고 했다.

그 글을 갖고 이번 주 수요일 2시에 15구역 안에 있는 앙드레 시트로앵 공원으로 오세요. 그럼, 즐거운 저녁 시간 보내시길!

클로드

'앙드레 시트로앵 공원이라고? 그의 머릿속엔 대체 어떤 계획이 숨겨져 있는 걸까?'

어쨌든 그의 계획이 매우 흥미로운 것일 거라는 확신이 들었다. 나는 이 과정이 과연 나를 어디로 데리고 갈 건지 이따금씩 생각해보곤 했다. 난 급작스러운 변화를 느끼고 있는 중이었고, 그래서 때로 가슴이 답답하기도 했다. 어쩌면 큰 위험부담이 없고, 소용돌이 같은 것도 없는 조용하고 소소한 이전의 삶을 아쉬워하고 그리워하게 되진 않을까? 아니, 그렇지 않다. 절대로 그렇지 않을 것이다.

나는 다시 클로드의 글을 읽기 시작했다. 메일 안에는 첨부파일 하나와 추신 한 마디가 덧붙여 있었다.

당신의 사고방식을 새롭게 하는 데 큰 도움이 될 흥미로운 도표 하나를

악순환

부정적인 생각

등이 굽고 무력한 자세

활력 부족, 우울, 의기소침, 두려움

무엇이든 건성으로 하는 태도, 자신을 돌볼 능력 부족

자신에 대한 저평가 '나 같은 건 쓸모없는 존재야, 아무리 해봐도 난 안 될 거야'

자기 안으로 숨어들기, 타인에게 마음을 열지 않기

항상 난관에 부딪쳐 있다는 느낌

희미한 비전, 불확실한 전망, 실패, 도달하지 못한 목표들

선순환

긍정적인 생각 '해보자'는 의욕

역동적인 자세(등을 쭉 펴고 미소 띤 표정)

활력, 쉽게 전달되는 감동

자신을 잘 돌보는 능력 (잘 먹고, 운동을 하고, 자신을 즐겁게 할 줄 안다)

자신에 대한 좋은 평가 '난 쓸모 있는 존재야, 난 행복할 자격이 있어'

타인에게 마음 열기, 상황에 맞는 태도, 관계망을 구축하는 능력, 도약할 가능성

창의성, 상황에 대한 구체적인 시각, 해결책 모색

성공, 정해진 목표들 달성

덧붙입니다. 선순환과 악순환을 비교하는 표예요. 어떻게 생각하세요?

첨부파일을 열자, 두 개의 도표가 나타났다. 설명이 필요 없는 도표들을 들여다보며 내 삶을 돌아보았다. 선순환과 악순환에 대한 개념이 이해되기 시작했다. 지금까지 나의 많은 태도들이 나를 악순환 쪽으로 밀어냈다는 것을 깨달았다. 내가 가야 할 길을 점검해보게 만드는 유용한 도표라는 생각이 들었다. 수요일이 기다려졌다. 클로드가 나를 위해 무엇을 준비했는지 빨리 알고 싶어 죽을 지경이었다.

약속 장소인 거대한 온실로 가기 위해 경쾌한 발걸음으로 공원을 가로질렀다. 파리에 살고 있으면서도 이곳에 이처럼 놀라운 식물원이 있다는 것을 이제껏 몰랐다니! 오솔길을 걸어가면서 울창한 식물과 수상식물들이 연출하는 아름다움을, 또 수많은 이국적인 나무들과 희귀식물들을 깜짝 놀란 눈으로 바라보았다. 예상치 못했던 소풍은 나의 오감을 즐겁게 해주었을 뿐 아니라, 그동안 내 삶이 얼마나 자연으로부터 멀리 떨어져 있었는지를 반성하게 해주었다.

영국 엑시터 의과대학의 이안 앨콕 박사가 〈환경과학과 기술〉에 발표했던 흥미로운 논문이 떠올랐다. 그 논문에서 앨콕 박사는 의존적인 세 가지 요소와 정신건강의 관계를 연구했다. 세 가지 요소란 결혼, 복권, 자연이었는데, 결혼에 대한 만족도 곡선은 높은 점에서 출발하여 시간이 지나면서 낮아졌다. 그런가 하면 복권에 대한 만족도 곡선은 처음엔 극도의 불안정한 만족감을 보이다가 끝으로 갈수록 하향 안정세를 보였다. 마지막으로 자연이 주는 만족도는 처음부터 뚜렷한 상승을 보일 뿐더러 계속해서 증가세를 보였다. 이로써 앨콕 박사는 '자연은 자연과 더불어 살아가는 사람에게 결혼이나 복권 이상으로 날마다 견고한 정신적 유익을 가져다준다.'는 결론을 내렸다. 자, 그러니 이런 전원에서의 휴식은 얼마나 큰 힘이 되겠는가!

드디어 목적지에 이른 나는 클로드가 왔는지 두리번거리다가 키가 크고 날씬한 그의 실루엣을 곧 발견했다. 확신에 찬 걸음걸이, 꾸밈이라곤 전혀 없는 자연스럽고 우아한 차림새……. 그러나 늘 내게 감동을 주는 것은 활짝 열린 그의 표정에서 느껴지는 친절과 내면의 강함을 갖춘 사람만이 가질 수 있는 생기 있는 시선이었다.

우리는 진심으로 따뜻한 악수를 주고받았다. 그는 나를 안내하며 공원을 가로질렀다.

"지금 어디로 가는 거예요?"

"저기요."

"저기라니, 어디요? 잔디밭?"

"아뇨, 바로 그 뒤에요."

나는 그가 말하는 장소가 어디인지 감이 잡히지 않았다. 그의 손이 가리키는 곳엔 아무것도 없었기 때문이다. 보이는 것이라곤 아주 거대한 열기구뿐이었다. 그때 갑자기 깨달았다.

"설마……?"

그가 장난기 가득한 눈으로 대답했다.

"당신이 더는 원치 않는 것들 목록은 적어왔겠죠?"

"그럼요. 여기 있어요."

"잘했어요. 지금 보여주세요."

그는 내가 내민 종이들을 받아들고 한 장 한 장 주의 깊게 읽어나갔다.

- 나는 이제 너무 친절한 사람이고 싶지 않다.
- 다른 사람들의 마음에 들기 위해 지나치게 나를 맞추고 싶지 않다.
- 내가 원하는 상황들이 일어나길 바라면서 소극적으로 기다리고 싶지 않다.
- 아드리앵과 매일 싸우고 싶지 않다.
- 늘어버린 몸무게 4킬로그램을 더는 방치하고 싶지 않다.
- 나의 외모에 무신경한 태도를 더는 계속하고 싶지 않다.
- 부부관계가 더 악화되도록 내버려두고 싶지 않다.
- 직장 일 때문에 더는 내 삶을 빼앗기고 싶지 않다.
- 내 삶에 중요한 결정을 내릴 때 더는 엄마의 의견에 의존하고 싶지 않다.
- 나의 꿈들을 더는 벽장 속에 처박아 두고 싶지 않다.

"아주 꼼꼼하게 잘 썼군요. 자, 이제 하늘로 올라갑시다. 그런데 그 전에 한 가지 먼저 할 일이 있어요. 지금부터 내가 종이비행기를 예쁘게 접는 법을 가르쳐줄 테니, 잘 보고 따라해 봐요."

엥? 아무래도 이 남자는 미친 것 같아. 하지만 난 정말 그가 마음에 들기 시작했다!

난 그가 이상한 요구를 한다고 생각하면서도 아무 말 않고 그를 따라 열 개의 비행기를 접었다.

"오! 다 됐군요."

종이비행기들이 다 만들어지자 클로드가 외쳤다.

"멋진 비행기들이 완성되었으니, 이제 마음 놓고 하늘로 올라갈 수 있겠어요."

나는 그를 따라 열기구의 바스켓 안으로 들어갔다. 들어가고 보니 조금 불안한 기분이 들었다. 잠시 후에 거대한 풍선이 서서히 올라가기 시작했다. 나는 클로드의 팔을 꼭 잡았다.

"무서워할 것 없어요, 카미유. 금방 편안해질 거예요."

약간 자존심이 상한 나는 두려움을 떨쳐내기 위해 다시 몸을 꼿꼿하게 세우고 지평선에 시선을 고정시켰다. 두려움이 나의 위장을 잡아당겼다. 그래도 태어나서 처음 접하는 이 풍경을 조금도 놓치고 싶지 않아서 두 눈을 크게 떴다. 심장이 쿵쾅거리며 크게 뛰기 시작했다. 고소 공포를 느낄 때 내 육체가 어떻게 반응하는지 알 수 있었다.

"잠시 후에 당신의 기분을 묘사할 수 있도록 지금 느껴지는 모든 감각에 주의를 기울여 봐요. 알겠죠?"

나는 클로드의 팔을 꼭 잡고 놓지 않았다. 그동안 열기구는 큰 말썽 없이, 아니 아무 말썽 없이 천천히 하늘로 올라갔다. 생각보다 내가 현기증을 덜 느낀다는 것을 알고 조금 놀랐다. 어느 정도 올라가자 한 번에 들이쉬는 공기가 조금씩 적어지는 것이 느껴지기 시작했

©BikerNormand

다. 입술이 마르고, 손도 조금 떨렸다. 하지만 버틸 만했다.

허공에 떠 있는 경험은 매우 강렬했다. 무엇보다도 그곳에서 보는 광경은 내 숨을 멎게 만들 정도였다. 눈물이 차오를 정도로 아름다웠다. 그런 중에도 나는 내가 무엇을 하고 있는지 또렷이 의식하고 있었다. 지상에서 150미터 높이에 올라와 있다니! 행복한 자부심이 전신을 감쌌고, 억제할 수 없는 미소가 피어올랐다.

"닻을 내려요, 카미유! 닻을 내려!" 그때 클로드가 속삭였다.

닻을 내리라니? 그게 무슨 말인지 내가 이해하지 못한다는 것을 알고, 클로드가 **긍정의 닻 내리기** 원칙을 설명하기 시작했다. 그것은 어떤 행복한 순간에 경험한 육체적, 감정적인 만족 상태를 훗날 원할 때 언제라도 다시 느낄 수 있도록 뇌에 새겨두는 기법이었다.

클로드에 따르면 그 방법은 이랬다. 우선 삶에서 강렬하게 만족을 느끼는 순간을 만났을 때, 그 느낌을 기억하도록 닻을 내린다. 그런 다음 그 평온하고 행복하고 만족스러운 순간을 하나의 단어나 이미지 혹은 제스처와 결합시킨다. 나는 열기구 안에서 느낀 만족감을 되살릴 수 있는 제스처로 왼손 새끼손가락을 세게 꼬집는 것을 택했다.

그래, 바로 이것이다. 이 평온, 이 자신감을 언젠가 다시 느끼기 위해서는 지금의 이 강렬한 순간에 긍정의 닻을 내려야 한다. 그러고 나면 언젠가 자신감이 필요해질 때, 이 특별한 추억을 되새기고 떠올리면서 육체적, 감정적인 감각을 다시 불러들일 수 있을 것이다. 나는 새끼손가락을 세게 꼬집으면서 그렇게 할 것이다.

이후로 나는 필요할 때마다 왼손 새끼손가락을 세게 꼬집어 나의 닻을 다시 활성화시키고, 그렇게 해서 지금 이 열기구 안에서 느낀 긍정적인 감정 상태를 되찾을 수 있었다. 처음에는 쉽지 않았지만 몇 번의 훈련을 통해 익숙해졌다. 처음엔 조용하고, 편안하고, 긴장을 풀고 집중할 수 있는 장소를 찾아가는 것이 좋다. 그런 다음 정신적으로 시각화를 실행하는데, 이때 눈을 감으면 도움이 되었다.

"닻이 효과적으로 작동되게 하려면 훈련이 필요해요. 자주 실행해 보는 거죠."

클로드가 말했다.

나는 이때까지도 여전히 조금 회의적이었으나, 시도해보겠다고 약속했다.

"이제 작은 비행기들을 떠나보낼 시간이 되었군요. 당신의 모든 걱정거리들을 향해 작별을 고할 시간이기도 하죠! 이 행위가 상징하는 것은 매우 중요해요."

그가 지켜보는 가운데 나는 종이비행기들을 하나하나 차례로 날려 보냈다. 점점 자유로워지는 기분이었다. 더는 원치 않는 것들을 하나씩 던져버리는 동안, 내 삶을 변화시키겠다는 결심이 점점 더 확고해지는 것을 느낄 수 있었다. 나는 변화의 과정으로 들어가는 레버를 힘껏 돌렸다. 물론 결과는 아직 예측할 수 없었다. 하지만 한 가지만큼은 확실했다. 다시 되돌아가기엔 너무 늦었다는 것. 어떻게든 감당해내야만 했다! 나는 종이비행기들이 시야에서 사라져가는 것을 희열 속에서 지켜보았다. 그래, 그렇게 사라져버리렴! 내 걱정거리들아, 안녕! 내 근심거리들아, 이제 영원한 이별을 고하자꾸나! 나는 그 순간을 미치도록 즐겼다.

다시 땅에 내려섰을 때, 클로드가 커피 한 잔 마시러 가자고 했다.

"자, 카미유. 이제 당신 자신이 자랑스럽죠?"

"그런 것 같아요……."

"아니, 그렇게 말하지 말고, 더 확실하게 표현해봐요!"

"네! 난 내 자신이 자랑스러워요."

나는 더 분명한 목소리로 신념에 차서 외쳤다.

"그래요, 훨씬 낫잖아요."

그는 뜨거운 커피를 한 모금 마시고 계속 얘기했다.

"자신에 대해 확신을 갖는 게 중요해요. 자신감 근육을 튼튼하게 하는 가장 좋은 방법은 당신이 스스로에게 베스트 프렌드가 되어주는 거예요. 자신의 가치를 높이 평가하고, 자신에게 연민을 갖고, 또 자신에게 관대해져야 해요. 그리고 자신을 인정한다는 표시를 가능한 더 많이 해줘야 하죠. 그렇게 하겠다고 약속할 수 있죠?"

"난 뭐든 해볼 준비가 되어 있어요! 하지만 그런 습관을 들이면 나중에 잘난 체하고 거드름 피우는 사람이 되진 않을까요?"

내가 농담처럼 물었다.

"그럴 일은 없을 거예요."

내 말이 끝나기가 무섭게 그가 대답했다.

"그 문제라면, 다음 주 초에 하게 될 훈련과 상관있어요. 다음 주에는 당신의 장점들을 모두 나열해서 내게 보내도록 해요. 당신이 잘하는 것들 전부, 그리고 당신의 인생에서 가장 성공적이었던 경험들

전부. 할 수 있겠죠?"

"물론이죠! 하지만 적을 내용이 너무 짧아서 좀 걱정이네요."

"아, 카미유, 카미유……. 또 시작하는 건가요? 자꾸 그러면 훈련의 강도를 더 높일 테니까, 그리 알고 조심해요! 좋아요, 처음엔 장점을 찾아내는 게 어려울 수도 있어요. 하지만 당신의 뇌가 긍정적인 점을 찾는 훈련을 하면 할수록, 점점 더 쉽게 찾아낼 거예요. 오, 정말이에요. 그리고 당신에게 이걸 주고 싶어요."

그는 주머니를 뒤지더니 작은 상자 하나를 꺼냈다. 나는 누가 보면, 이 남자가 나한테 프로포즈하는 걸로 오해할 수도 있겠다 싶어서 속으로 슬며시 웃었다. 그 생각은 나를 꽤 흥분시켰다. 그러나 그것은 반지가 아니고, 작은 펜던트였다. 예쁜 노란 연꽃, 두 번째 참. 그러니까 그는 내가 변화의 과정에서 또 한 단계를 넘어섰다고 본 것이다. 나는 내 안에서 솟구쳐 오르는 자부심을 감추기 어려웠고, 그래서인지 두 뺨이 화끈거리기까지 했다. 나는 눈을 반짝이며 그에게 감사의 인사를 한 뒤에, 걸고 있던 목걸이에 새 참을 끼웠다. 내 목걸이에는 이제 두 송이의 연꽃이 피었다.

그때 클로드의 휴대폰이 울렸다. 전화를 받은 그는 빨리 가봐야 한다고 말했다. 그러면서 내 손에 작은 종잇조각 하나를 쥐어주고는 뒤도 돌아보지 않고 가버렸다. 얼마나 이상한 남자인가!

"모든 것은 변한다. 더는 지금 모습으로 존재하지 않기 위해서가 아니라, 아직 되어보지 않은 모습으로 존재하기 위해서다."

에픽테투스가 한 말이에요. 카미유, 당신이 되고 싶은 카미유는 어떤 모습인가요? 그 카미유의 초상화를 그려 보겠어요? 곧 다시 만나요!

클로드

11

클로드는 나의 장점들, 내가 잘하는 것들, 그리고 내 인생에서 가장 성공적이었던 경험들을 모두 적어보라고 했다. 그날 이후 나는 클로드가 요구한 것들을 끌어내기 위해서 자유시간이 주어질 때마다 내 영혼, 내 내면의 동굴들을 탐사하고 그곳의 깊이를 재면서 보냈다.

추억의 좁은 우물 속으로 내려가기 위해 로프로 내 몸을 단단히 묶고서, 희미한 기억의 횃불을 들고 앞으로 나아갔다.

긍정적 경험과 장점들…… 처음엔 동굴 입구에서 나아가지 못했다. 컴컴한 구멍만 보였다. 그러다 몇 가지 경험들이 조금씩 떠오르면서 서서히 형태를 갖춰갔다.

이 작업을 위해서 나는 클로드가 보내준 '장점 리스트'를 꺼내들었다. 그리고 그중 내가 가진 장점이 있는지 살펴보았다.

상냥하다, 야망이 있다, 대담하다, 자율적이다, 모험심이 있다, 조용하다, 투지가 있다, 협조적이다, 신뢰받을 만하다, 창의적이다, 헌신적이다, 교섭에 능하다, 솔직하다, 규율을 준수한다, 사려 깊다, 온유하다, 적극적이다, 유능하다, 참을성이 많다, 활동적이다, 협동심이 있다, 충성되다, 유연하다, 정직하다, 관대하다, 성실하다, 상상력이 풍부하다, 독립적이다, 혁신적이다, 현명하다, 직관적이다, 명랑하다, 의롭다, 지도력이 있다, 절제력이 있다, 체계적이다, 의욕적이다, 관찰력이 있다, 끈기가 있다, 낙관적이다, 정리정돈을 잘한다, 계획적이다, 독창적이다, 열린 마음을 가졌다, 예의 바르다, 동시에 여러 가지 일을 할 수 있다, 정확하다, 신중하다, 지기 싫어한다, 강인하다, 책임감이 있다, 엄정하다, 공정하다, 영리하다, 민감하다, 진지하다, 남을 잘 돕는다, 공감 능력이 있다, 사교적이다, 세심하다, 자발적이다, 안정적이다, 전략적이다, 관용적이다, 열정적이다, 의지가 강하다

상냥하다, 예스! 야망이 있다, 별로. 협조적이다, 조금 지나친 편이지. 창의적이다, 옛날에는 그랬는데……. 민감하다, 예스, 이건 고쳐지지가 않아. 성실하다, 부득이하게 이렇게 될 수밖에 없잖아! 공감능력…… 다소 그런 편이지.

내 인생에서 성공이라고 할 만한 것들 중에서 가장 뚜렷한 것이라면, 두말 할 것도 없이 아들의 탄생일 것이다. 하지만 그걸 제외하면 그리 많지가 않다. 음…… 미술 시간에 20점 만점을 받았던 일, 미술 선생님이 날더러 매우 열정적이라고 칭찬하시면서 재능이 있으니 꼭 계속하라고 말씀하셨던 일. 난 아직도 그때 일을 감동적으로 기억하고 있다. 그때 난 정말 인정받고 있다고 느꼈다. 아, 또 있다. 마케팅

분야에서 학위를 따고, 그 소식을 엄마에게 전화로 알리던 날. 하지만 그게 진심으로 나의 기쁨이었을까, 아니면 엄마의 기쁨이었을까?

내가 정말로 되고 싶은 카미유의 모습이라……. 그 카미유의 초상화는 지금으로선 희미한 스케치처럼 보일 뿐이었다. 하지만 난 떠오르는 생각들을 모조리 써내려갔다. 아주 많이. 그리고 비록 지금은 막연하지만, 내 안에서 이미 변화가 시작되었으므로 앞으로 모든 것이 점점 더 명확해질 것임을 예감했다.

내가 정체성 찾기의 과정을 진지하게 따라가는 동안, 클로드는 내가 선순환 방향으로 가도록 돕기 위해 거의 매일 참고자료들을 보내주었다.

그러던 어느 날 아침, 잠에서 깨어난 지 채 10분도 못 되어서 문자가 왔음을 알려주는 친숙한 벨소리를 들었다.

카미유, 굿모닝! 오늘은 유머와 유쾌함으로 하루를 채색해보는 건 어떨까요? 자잘한 근심 걱정에 맞서기 위해 우리가 할 수 있는 가장 쉬운 방법이지요. 먼저 거울 앞에 서보세요. 그리고 찌푸린 표정을 짓는 겁니다. 얼굴에 주름을 만들 수도 있겠지만, 정신 건강에는 아주 좋은 운동이랍니다. 자, 혀를 오른쪽, 왼쪽, 위, 아래로 쭉 내밀어 보세요. 그리고 입을 크게 벌려서 와자아아아 하고 소리쳐보세요. 그 다음엔 팬터마임의 대가인 것처럼 아주아주 슬픈 표정을 지어보고, 엄청나게 기뻐서 어쩔 줄 모르는 표정도 지어보세요. 마지막으로 과장된 표정을 하면서 입을 최대한 벌려 또박또박 아.에.이.오.우.를 발음해보세요. 그럼 즐거운 시간되시길!

나는 미소를 지었다. 흥미로운 과제였다. 하지만 욕실 거울 앞에서 어릿광대 시늉을 하는 게 조금 이상해 보이긴 했다. 처음엔 주저했다. 그러다 조금씩 나 자신을 풀어놓게 되었고, 온갖 표정을 짓는 일까지 기꺼이 즐길 수 있게 되었다. 아들이 문틈으로 나를 관찰하고 놀라서 물었다.

"엄마! 지금 뭐해요?"

"광대뼈 운동."

나는 태연자약하게 대답했다.

아이가 잠시 오묘한 표정을 지었지만, 아이들은 이상한 생각이나 행동에도 금방 적응하는 놀라운 능력을 갖고 있다!

"그거 재미있네요."

아드리앵이 문학 비평가나 보여줄 수 있음직한 진지한 표정으로 말했다.

"나도 한번 해볼래요."

나는 아이에게 거울 앞으로 와서 같이 해보자고 했다. 우리 모자는 듀오를 이루어 고난도의 표정을 지어보았다. 아드리앵은 표정 짓기에서 생각지도 못한 놀라운 창의성을 보여주었다. 나는 그의 어릿광대 능력이 나와 비교할 수 없을 정도로 우월하다는 것을 인정해야만 했다. 아드리앵은 엄마가 해준 명예로운 칭찬에 기뻐하면서 아침 식사 내내 즐거운 표정이었다. 덕분에 우리는 수다를 떨면서 유쾌한 시간을 가질 수 있었다. 그것은 아주 오래 전에 우리 모자가 잃어버린 것이었다.

그랬다, 클로드가 옳았다. 하루를 웃음과 유쾌함으로 시작하는 것은 정말 좋은 일이다!

또 하루는 그가 내게 **관점 카메라** 놀이를 해보라고 제안했다. 그것은 내 인식의 필터에 변화를 주어서, 현실을 바라보는 시각을 바꿀 수 있도록 그가 생각해낸 훈련이었다.

"이제부터는 밖에 나가면 기분 나쁜 것, 추한 것, 불쾌한 것 등에 초점을 맞추지 말고, 아름답고, 유쾌하고, 감동적이고, 기분 좋은 것들에다 주의를 기울여 보세요. 거리에서건 전철이나 버스 안에서건 어디서나 유쾌하고 즐겁고 재미있는 것에다 상상의 카메라 셔터를 눌러보는 거예요."

이렇게 해서 나는 마치 내 눈에 카메라가 달린 것처럼 아름다운 것을 발견하면 마음속으로 찰칵 사진을 찍었다. 처음엔 어색했지만 그것은 아주 놀라운 경험이었다! 이제 나는 핏대를 올리며 싸우고 있는 남자들이나 술에 취해 비틀거리는 여자, 신경을 거슬리게 하는 행인, 빽빽 소리를 지르며 우는 아이들에게 시선을 두는 대신 하늘의 묘한 빛깔, 열심히 둥지를 만들고 있는 예쁜 새, 사랑에 빠져 입맞춤을 나누는 젊은 남녀, 아이의 머리를 쓰다듬으며 다정하게 속삭이는 엄마, 무거운 짐을 들고 계단을 오르는 노부인을 도와주는 중년 신사에게 시선을 돌리게 되었다. 나무 밑에 버려진 쓰레기가 아니라 살랑거리는 나뭇잎 소리를 듣게 되었다. 이런 나를 보며 나 자신도 깜짝 놀랐다.

새로운 관점으로 사물을 바라보는 이 방법은 나를 황홀감에 젖게 만들었다. 나는 나에 관한 긍정적 이미지들, 상상의 사진들로 가득 찬 사진첩을 매일매일 더 풍성하게 만들어 갔다. 그 사진첩은 세상에 대해 이전과 다른 이미지를 갖게 해주었다.

제4장

행동은 말보다 훨씬 크게 말한다

12

그렇게 몇 주가 흘렀다. 그러는 동안 나는 내게 찾아온 급성 타성증의 증상들이 천천히 그러나 확실하게 사라지고 있음을 인정하게 되었고, 클로드가 적용하는 치유 방식을 진심으로 믿기 시작했다.

무엇보다 나를 매혹한 것은 본질과 형식의 근접성에 있었다. 클로드는 행동할 때는 언제나 형식만큼이나 본질에 근거를 둬야 한다고 했다. 형식이란 '자신에 대한 이미지' 그리고 '세상이나 다른 사람들과의 관계'를 말하고, 본질이란 '나는 누구인가', '내가 정말 원하는 것은 무엇인가'와 관련된 것이다. 사람들은 자신에 대해 좋은 이미지를 갖고 있을 때, 세상에 대해서도 그만큼 아름다운 이미지를 갖게 된다고 했다.

자신에 대한 좋은 이미지. 이 부분에 관해서 난 아직 더 많은 훈련을 쌓아야만 했다. 스스로 받아들이지 못하는 나의 모습, 낮은 자존감 때문에 나는 저공비행을 하고 있었다. 거울에 비친 나를 바라보는 것은 언제나 우울한 기분을 갖게 만들었다. 냉혹하고 준엄한 판단으로 나의 몸을 앞, 뒤, 옆까지 구석구석 샅샅이 검열한 뒤에, 넘쳐나는 살에다 경멸의 종신형을 선고하곤 했으니까……. 일어서면, 그래도 조금 나았다. 단추가 잠길 정도는 되기 때문이다. 죄책감에 사로잡힐 때는 앉아 있을 때였다. 조금씩 늘어진 살들이 이젠 바지를 비집고 터져 나오려고 안달이 났다.

때로는 양심을 살짝 속여 보려고 한 적도 있었다. 세탁할 때 옷이 줄어들었다거나 재단할 때 옷본이 조금 작았던 거라고 애써 생각하면서……. 하지만 나는 이미 작은 종이비행기에 나의 불만을 담아 지상 150미터 열기구에서 날려 보내지 않았던가! 늘어난 몸무게를 더는 원치 않는다고 분명하게 말했다. 그러니 그 다짐을 실행에 옮겨야 한다.

우선 클로드와 약속부터 잡았다.

대기실에서 15분쯤 기다렸을 때, 문이 열리면서 클로드가 몹시 분주해 보이는 모습으로 황급히 들어왔다.

"아, 카미유! 그동안 잘 지냈어요? 자, 이 방으로 들어가세요. 죄송하지만 오늘은 시간이 많지 않아요. 워낙 약속이 많이 잡혀 있는 날이거든요. 잠시 비는 시간을 이용하는 거라서……."

"고마워요, 클로드. 난 그저 내 몸무게를 줄이기 위해 당신의 충고가 좀 필요해서 온 거예요."

그는 약간 상기된 표정으로 책상 위에 널려 있는 서류들을 정리하면서, 조금 산만한 태도로 내 말을 들었다. 얼마 후에 그는 서류들을 잔뜩 들고 일어났다. 그때 서류 한 장이 땅에 떨어졌다. 나는 얼른 일어나서 그 종이를 주워들었다.

'어라, 이건 건축 설계도잖아?'

다양한 수치와 설명들, 그건 분명 건축 설계도였다. 내가 주운 종이를 건네자, 그는 고맙다고 중얼거리며 무뚝뚝하게 받았다. 왠지 그의 마음이 편치 않아 보였다.

"클로드, 괜찮아요? 무슨 걱정거리라도 있는 것처럼 보여요. 오늘은 그냥 가고, 다음에 다시 올까요?"

"아뇨, 아뇨. 괜찮아요, 카미유. 오늘따라 검토할 서류들이 많아서 그래요. 바빠서 정신이 좀 없던 것뿐이니까 걱정 말아요."

그가 상냥한 표정과 말투로 나를 안심시켰다.

그는 커다란 서랍장 안에 서류들을 집어넣었다. 그 안에 쌓여 있는 서류들의 양을 보고 나는 무척 놀랐다. 저토록 많은 고객이 있다는 게 가능한 일일까? 타성 치유학 신봉자가 이렇게도 많다는 말인가?

그가 돌아와서 내 앞에 앉았다. 그러고는 무의식적으로 자신의 희끗희끗한 짧은 수염을 쓰다듬었다. 평소의 여유로움보다는 초조함이 엿보였다.

"자, 그러니까 지금부터 체중을 조금 줄이는 일에 도전하겠다는 거지요? 좋아요. 당신의 목표에 도달하기 위한 열쇠는 먼저 구체적이고 분명한 계획을 짜는 것에 있어요. 혹시 'SMART' 방식을 알고 있나요?"

"아뇨, 난……."

"목표는 언제나 'Specifique', 즉 구체적이어야 해요. 절대로 모호한 것이어서는 안 돼요. 그리고 'Mesurable', 곧 측정이 가능해야 하죠. 당신의 경우엔 4킬로그램을 빼는 것이니까 당연히 측정할 수 있는 목표지요. 그 다음엔 'Atteignable', 도달할 수 있는 목표여야 합니다. 도달할 수 있고 실현 가능한 일련의 작은 목표들로 세분해 놓으면, 당신의 목표는 결코 닿을 수 없는 하늘의 별이 아닐 거예요. 또한 'Realiste', 현실적인 것이어야 해요. 목표를 이루기 위한 강력한 동기를 계속 유지하려면, 그 목표가 당신의 커리어나 능력에 관련된 것이어야 하지요. 그리고 마지막으로 고려할 것은 'Temps', 시간입니다. 최종 기한을 정해놓으란 뜻이에요."

그가 목표달성에 성공하는 방법을 설명하는 동안, 나는 손에 상상의 조각칼을 쥐고서 내가 목표로 하는 카미유 클로델을 깎고 다듬으며 그 모습에 정확한 형태를 부여하려고 했다.

"이제 모든 게 분명해졌나요, 카미유?"

"네, 완전히 이해했어요."

"그럼 몇 분간 혼자 있도록 시간을 드리지요. 그동안 당신의 목표를 '스마트'하게 작성해보세요. 곧 돌아올게요!"

그가 미소를 지으며 방에서 나갔다. 나는 얼른 일어나서 내가 처음 왔을 때 사용했던 작은 책상으로 다가갔다. 종이와 연필이 필요해서였다. 그러나 종이는 책상 위에 있었지만, 필기구가 보이지 않았다.

아마도 서랍 안에 있을 테지……. 나도 모르게 서랍을 열었다. 그때 사진 액자 하나가 눈에 들어왔다. 배경이 뉴욕의 센트럴 파크임을 금방 알 수 있었다. 사진 속에는 형제처럼 친근해 보이는 두 남자가 포즈를 취하고 있었다. 두 사람 사이의 대비는 아주 뚜렷했다. 한 사람은 신뢰와 힘, 성공의 냄새를 발산하고 있었고, 다른 한 사람은 큰 키에도 불구하고 왠지 나약해 보였다. 마치 다리만 찰흙으로 빚어 위태로운 거대한 동상처럼. 슬픔이 배어 있는 두 눈엔 어두운 그림자가 드리워져 있었다. 어딘지 클로드와 닮아 보였지만, 클로드보다 족히 20킬로그램은 더 나갈 것 같은 외모였다. 어쩌면 그의 형제가 아닐까?

나는 복도에서 들려오는 발자국 소리를 듣고 급히 서랍을 닫았다.

“괜찮아요, 카미유?”

“그럼요. 연필 한 자루가 필요한 것만 빼고는…….”

“아! 자, 받아요.”

그가 연필 한 자루를 내밀며 말했다.

“고마워요.”

나는 품위 없는 내 호기심에 당황하면서 입속으로 중얼거리듯 말했다.

4킬로그램을 없애는 스마트한 계획을 생각하면서도 한편으로는 사진 속의 남자가 누구일지 계속 궁금했다. 기회를 봐서 클로드에게 물어봐야지…….

30분 후에 나는 스마트한 목표 계획서를 팔 밑에 끼고, 앞으로 없앨 4킬로그램의 살을 벨트 밑에 매단 채로 그 자리를 떠났다.

의욕이 마치 타히티 여인들의 가슴처럼 부푼 나는 이런 목표 달성쯤은 식은 죽 먹기일 거라고 생각했다. 그러나 실제로는 고난의 시작이었다.

13

나는 멋진 내 결심을 실천에 옮기기 위해 용기로 단단히 무장했다.

끝까지 버티기. 모든 것은 거기에 달려 있었다. 나를 쓰러뜨리고자 하는 적들이 식재료 수납장의 어둠 속에서 호시탐탐 기회를 엿보고 있었기 때문이다! 식료품으로 가득한 냉장고도 자신이 대활약할 시기를 엉큼하게 기다리고 있었다. 초콜릿이 박힌 쿠키들도 바삭바삭한 작은 발을 초조하게 쿵쿵 구르면서 나를 공격할 기회만을 노렸다.

이 염치없는 적들과의 공모자는 누구? 바로 나와 살을 나눈 나의 분신, 나의 외아들! 어쨌거나 내 목표를 이루겠다고 아들의 식탐을 제물로 바칠 순 없는 노릇이었다. 그러니 아이를 위해서라도 내게 금지된 식료품들을 계속 장만해야만 했다. 악의는 없었겠지만, 아드리앵은 마치 내게 벌이라도 주려는 듯 내가 보는 앞에서 아주 맛있고 즐겁게 요리를 먹었고, 나는 나무랄 데 없는 다이어트 식품인 사과를 깨물면서 아이의 즐거운 식사 장면을 지켜보아야만 했다.

이거야말로 혹독한 극기 훈련이 아닌가!

하지만 최악의 시간은 식사시간이 아니었다. 절대로.

최악의 시간은 밤이 되었을 때 찾아왔다. 온갖 군침 도는 것들이 절대적이면서도 강압적인 목소리로 속삭여댔다. 특히나 기름진 음식에 대한 욕구가 최절정에 달하는 시간이었다. 그럴 때마다 유혹의 일제 사격은 나의 현명한 의지를 완전히 녹다운 시키곤 했다. 마카로니 파스타 증후군에 대해서는 무슨 말을 더 할 수 있을까! 오, 내 아들이 매번 맛있게 삼키는 하얗고 뽀얀 파스타를 꼭 한 숟가락만 먹어……. 하아.

하지만 나의 가상한 용기와 인내는 결국 보상을 받았다. 며칠 만에 나는 벌써 어느 정도 효과가 있음을 느꼈다. 그리고 첫 번째 승리에 격려를 받은 덕에, 더욱 집념을 갖고 노력하게 되었다. 덜 기름진 것, 덜 단 것, 덜 짠 것. 최고 몸매의 권위자들이 외쳐대는 찬가를 조용히 흥얼거리면서…….

그러나 유감스럽게도 승리의 트럼펫이 울리기 시작하자마자, 내가 하찮게 봤던 한 적군이 공격해 들어왔다. 이름하여 권태.

그 적을 처음 만난 것은 사무실 안에서였다.

사무실은 풍랑이 잠든 조용한 시간이 계속되고 있었다. 사나운 사냥개 무리 같은 동료들은 하찮은 일거리들을 나눠서 물어뜯고 있었고, 상사도 풀타임 직원들에게 우선적으로 임무를 맡겼다. 그렇게 업무 시간이 거의 360분 동안이나 지속되고 있을 때였다. 아니 400분 정도? 나는 얼른 이 지루한 시간이 끝나기만을 기다리고 있었다. 배고픔과 지루함이 동시에 공격해 들어오자 항복하고 싶다는 생각이 나를 괴롭히기 시작했다. 그래, 꼭 한 번만 다이어트를 잊어버리자. 오늘 하루만, 누가 알겠어?

나는 참다못해 끔찍한 열량을 파는 작은 상점으로 다가갔다. 겨우 초코바 하나 먹는 것뿐이야, 아무것도 아니라니까……. 자판기의 동전 투입구 구멍으로 막 동전 하나를 집어넣으려는 찰나, 내 휴대폰이 진동을 시작했다. 클로드가 보낸 문자. 오, 대체 이게 가능한 일일까? 그는 육감 같은 걸 갖고 있는 사람일까? 나는 내심 그를 저주했다.

안녕하세요? 목표를 향한 질주는 계속되고 있겠지요?

난 태연하게 거짓말을 했다.

물론이죠. 아주 잘 진행되고 있어요. 멋진 저녁 보내시길!

그는 몰라. 아무것도 모른다고. 알 리가 없지. 나는 다시 동전을 넣기 위해 자판기로 돌아서면서 계속 중얼거렸다. 하지만 너무 늦었다. 나는 주변 어디서나 은밀한 그의 존재를 느꼈다. 마치 그의 눈이 나를 향해 있는 것 같았다. "빅 브라더가 당신을 지켜보고 있다!" 조지 오웰의 소설에서 그러는 것처럼. 나는 지금 다이어트 1984년을 살고 있는 셈이다.

그렇게 나의 일탈은 끝이 났다. 자판기를 향해 슬픈 마지막 눈길을 던졌다. 그런 다음 천천히 내 자리로 돌아가서 서랍을 열었다. 거기엔 아몬드 한 봉지가 나를 기다리고 있었다. 나는 아몬드 다섯 알과 사과 한 개를 내게 허용했다. 개미의 잔칫상.

그때 갑자기 반역의 생각이 불쑥 솟아올랐다. '건강, 평안'이라는 그의 충고가 지겨워지기 시작한 것이다! 신뢰할 수 없는 말들을 되새기는 것도 싫증이 났다.

엘리베이터를 타기보다는 계단을 이용하세요. 어쩌구저쩌구……. 점심시간에는 차라리 장을 보는 게 좋을 거예요. 어쩌구저쩌구……. 앉아있을 때도 엉덩이 근육 운동을 할 수 있어요. 앉은 채로 양쪽 엉덩이를 조였다가 천천히 힘을 빼기만 하면 되거든요. 전철을 기다리는 동안 심심하신가요? 발끝으로 서서 몸을 조금만 움직여보세요. 양쪽 발뒤축을 붙였다가 다시 내려놓으면 됩니다! 복근 운동이요? 문을 열고 나갈 때마다 배를 안으로 쑥 집어넣는 수축 운동을 해보세요. 보는 사람도, 아는 사람도 없는데 신경 쓸 것 없잖아요!

느낌이 왔다. 저항의 단계에 들어온 것이 분명했다. 맛있는 음식을 모두 포기해야 하는 상황에서 한 번쯤 저항해보지 않는 자가 어디 있을까? 하지만 **약속 노트**를 써야 하는 순간을 떠올렸다. 약속 노트라는 것도 클로드의 아이디어였다. 내가 결단한 것을 더 잘 이행하고, 의지가 약해지지 않도록 돕기 위해서 만들어낸 것이다! 약속한 내용 하나하나에다 '했다' 혹은 '안 했다' 칸에 표시를 해서 클로드에게 보여주기로 했는데, 며칠 후에 '안 했다' 칸에 줄줄이 표시가 되어 있는 노트를 그에게 갖고 가고 싶지 않았다. 그의 면전에서 실패했다는 불쾌한 기분을 느끼지 않으려면 이쯤에서 냉정을 되찾는 편이 좋을 것이다.

거기까지 생각했을 때, 동료 직원인 프랑크가 말을 걸어왔다. 그는 사무실 안에서 내가 제일 싫어하는 사람이었다.

"카미유, 무슨 일 있어요? 요상한 표정을 짓고 있군요."

"네? 아뇨, 아무 일 없어요. 그냥 생각할 일이 좀 있어서, 그뿐이에요."

"하아…… 누가 봤으면 알을 품고 있는 줄 알겠어요."

정말 웃기는 작자일세!

무슨 일이 있어도 엉덩이 근육을 키우고 있는 중이라는 말은 할 생각이 없다. 그는 이번에도 나를 화나게 하는 작전에 이미 성공했다.

"반들거리는 알이라면 당신 머리에 있으니 그거나 신경 쓰지 그래요."

좋았어! 이제 쌍방이 1점씩 주고받은 셈이군.

난 그의 두 뺨이 붉어지는 것을 보면서 내가 제대로 한 방 먹였다는 것을 알았다. 하지만 이런 한 방이 별로 자랑스럽게 생각되지 않았다. 그는 내게 받은 수모를 복수할 기회를 절대로 놓치지 않을 작자였다. 그러니 나는 그가 비겁한 방법으로 공격해올 것을 계속 걱정해야 할 것이다. 그래, 이 문제도 클로드에게 이야기해 봐야겠어.

마치 텔레파시로 연결되어 있는 것처럼 바로 그때 인터넷을 통해 클로드로부터 메시지가 왔다.

– 카미유, 감량 프로그램은 잘 진행되고 있어요?

- 그럭저럭요……. 때때로 유혹을 참아내기가 참 힘드네요.

- 하지만 잘 참아냈죠?

- 네.

- 잘했어요! 그것을 약속 노트에 기록하는 걸 잊지 말아요.

나는 컴퓨터 스크린에 연필 모양의 커서가 깜빡이는 것을 보았다. 그가 긴 글을 쓰고 있다는 신호였다.

- 나는 당신이 말뿐 아니라 실천도 할 거라고 믿어요. 매번의 결심은 절대로 하찮은 것이 아니에요. 많은 사람들이 행복한 삶을 영위하기 위해서는 실천이 중요하다는 진리를 이미 알고 있지만, 절대로 실제 행동으로 옮기진 않지요. 자신과의 약속을 지키는 것이 항상 쉬운 일은 아니니까요. 게으름, 피곤, 의기소침 등등 많은 적들이 호시탐탐 공격의 기회를 엿볼 거예요. 하지만 견뎌내세요! 이것은 반드시 해볼 만한 가치가 있는 일입니다.

14

그날 퇴근길에 서점 앞을 지나게 되었다. 클로드가 말했던 약속 노트 이야기가 떠올랐다. 나는 서점 안으로 들어갔다. 그리고 주머니나 손가방 안에 쏙 들어갈 수 있는 제일 작은 크기의 노트를 집어 들었다. 항상 휴대하고 다니기 위해서였다.

하루 종일 일하느라 나는 녹초가 되어 있었다. 계산을 마치고 조금이라도 더 빨리 쉬기 위해 서둘러 집으로 돌아갔다.

하지만 그것은 우리 가정의 현실을 잠시 잊고 있던 안일함에서 나온 발상이었으니!

현관문을 열고 들어서자마자 납처럼 무거운 분위기에 짓눌리는 것을 느꼈다. 아드리앵의 표정은 불만에 가득 차 있었다. 아드리앵을 학교에서 데리고 와서 내가 올 때까지 숙제를 도와주는 샤를의 기분도 썩 좋아 보이지 않았다. 거실 테이블 위에 여기저기 널부러져 있는 노트들을 보자 이 불편한 냉기의 이유를 짐작할 수 있었다.

샤를은 내가 아드리앵을 부탁했을 때 기꺼이 응했지만, 막상 그 일을 맡고 나서는 계속해서 내 아들의 동기 결핍과 주의력 산만을 불평해왔다. 오늘도 아이가 끊임없이 다리를 떨고, 사소한 일로도 자꾸 책상에서 일어나며, 뭔가를 먹거나 마시거나 화장실에 가려고 하고, 숙제하는 시간을 늦추기 위해 끊임없이 변명거리를 늘어놓았다고 말했다.

그녀는 말을 하는 중간중간 화가 나서 눈썹을 파르르 떨었으며, 불만에 가득 찬 입술을 뾰로통 내밀었다. 아드리앵에게 꼭 필요한 '한계 정하기' 교육이 이토록 어려운가 싶은 생각이 들자, 온몸에 피로가 몰려오면서 절로 한숨이 나왔다. 아무튼 나는 샤를에게 식견 있는 보고를 해주어 감사하다고 말한 뒤에 그녀를 돌려보냈다.

15분 후. 내 인내심이 한계를 보이기 시작했다. 아드리앵은 제 딴에는 논리적인 반항을 하면서 샤를에게 모든 과오를 전가시켰다. 그녀가 제대로 도우미 역할을 하지 못했을 뿐 아니라, 무엇보다도 그녀가 조금도 마음에 들지 않는다는 거였다. 그러다 자신의 논법이 먹혀들지 않는다는 걸 알았는지, 전략을 수정하여 좌절의 전법을 썼다. 이 모든 문제의 원인은 지나치게 많은 숙제를 내준 선생님에게 있으니, 자기로선 좌절할 수밖에 없다고!

나는 이 꼬마 녀석의 잔이 스트레스로 가득 찼다는 것을 이때 알아차렸어야 했다. 하지만 그 순간엔 나의 잔 역시 찰대로 찬 상태여서, 그 애의 게임기를 빼앗아 벌을 내릴 줄만 알았지, 아이의 심정을 헤아리는 것은 생각도 하지 못했다. 자기 방으로 숨듯이 들어간 아이는 불만을 해소할 길이 없어 문 뒤에서 문고리만 달그락거리고 있었다. 난 하는 수 없이 아이와의 전쟁을 멈추고 아이가 다시 숙제를 할 수 있도록 외교 수완을 발휘하기로 했다.

남편이 집에 왔을 때는, 한 손으로 저녁식사를 준비하면서 다른 한 손으로는 교과서를 펼쳐 쥐고 아드리앵에게 교과 내용을 암송시키는 중이었다. 물론 아이는 고분고분하지 않았다. 세바스티앵은 슬쩍 눈인사를 하고선 내 얼굴은 쳐다보지도 않고 오늘 하루 어땠냐고 기계적으로 물었다. 내가 '너무 엉망이었어. 기분이 별로야.'라고 대답해도 그는 이 상황을 바꿔보기 위한 노력 따윈 눈곱만치도 하지 않을 거라는 생각이 들었다.

난 이미 익숙해진 짜증스러운 분위기가 또 다시 시작될 것 같아서, 남편의 쌀쌀맞은 태도에 반응하지 않으려고 애썼다.

세바스티앵은 셔츠의 단추를 풀고, 바지에서 속옷이 반쯤 나와 있는 채로 방에서 나와 욕실로 향했다.

"아니, 이게 뭐야, 완전 난장판이잖아?"

욕실로 들어가자마자 그가 소리쳤다.

"대체 누가 여길 이 지경으로 만들어 놓은 거야?"

"난 아니에요, 아빠!"

아드리앵이 즉시 대답했다.

아이들에게서 흔히 볼 수 있는 특징적인 반사행동이었다.

내가 끼어들어야겠다고 느꼈다.

"여보, 그냥 둬. 아마 내가 그랬을 거야. 미안해, 하지만 치울 시간이 없었어. 오늘 아침에……."

저쪽에서 투덜대는 불평 소리가 들렸다.

휴우, 말하는 게 참 예쁘기도 하지!

손에 노트북을 들고 거실로 나온 그가 다시 신경질을 냈다.

"소파에 이 과자 부스러기는 또 뭐야? 아드리앵! 소파에서 간식 먹지 말라고 아빠가 몇 번이나 말했어! 이러면 안 되는 거 몰라?"

나는 참다못해 냄비와 노트를 내려놓고 그에게로 다가갔다. 언제부터인가 우리 집에 습관처럼 나타나기 시작한 이 냉기, 이 싸늘한 긴장감에 나는 지칠 대로 지쳐 있었다.

"놔둬, 내가 치울게."

내가 말했다.

"됐어. 내가 치운다고, 내가!"

그가 퉁명스럽게 말했다.

올라온다, 올라온다, 참자…….

그는 후 하고 입으로 바람을 불어서 과자 부스러기들을 바닥으로 날려버렸다. 그러고는 노트북을 앞에 놓고서 소파 위에 자리를 잡았다.

그리고 양말을 벗었다. 그런데 왜 그런지 모르지만, 그가 바로 내 눈앞에서 맨발가락을 꼼지락거리며 비비는 것을 보는 순간, 그때까지 참았던 화가 치밀어 올랐다. 대부분은 참고 넘어가곤 했는데, 왜인지 지금 이 순간 내 한계를 넘어서고 말았다.

"나랑 이야기 좀 해."

"또 뭐야?"

그가 짜증스럽게 물었다.

"당신…… 내게도 도움의 손길이 좀 필요한 것 같지 않아?"

"내가 당신을 도와주지 않는다고 지금 비난하는 거야?"

"난 지금 당신을 비난하는 게 아니야. 내게도 조금은 관심을 가져보라고 하는 소리야!"

"지금 내가 뭘 어쨌다고 그러는 거야? 이게 당신이 말하는 관심이야? 참 고맙네! 하루 종일 직장에서 시달리다 온 사람에게 아주 기쁜 선물이야! 그러는 당신은 내가 집에 들어온 이후로 내게 관심을 가져봤어?"

"하! 지금 내가 당신 아들을 돌봐줬다고 비난하는 거야?"

"아, 이제 바른 말을 하는군. 당신 지금 분명히 비난이라고 했어!"

아드리앵은 분위기가 악화되어 가는 것을 느끼고는 얼른 자기 방으로 피했다. 하기 싫은 암송을 하지 않아도 된 것을 기뻐하면서.

"좋아, 계속해봐! 나도 혼자 모든 걸 다 해야 하는 것에 지쳤어!"

"아, 그래? 이제 알겠군. 매일같이 폭발하는 이유를……."

"뭐라고? 매일같이 폭발? 당신은 집에 들어오면 아주 편하게 당신이 하고 싶은 일만 하잖아. 컴퓨터 안에 들어 있는 사랑하는 친구들과 웃고 즐기면서!"

"오늘 내가 핑핑 놀다 온 줄 알아? 회사에서 미친놈처럼 일만 하다 온 사람이야. 미팅이 세 개나 있었다고! 내가……."

"난 뭐 직장에서 일 안 해?"

"그래, 맞아, 당신도 일은 하지……."

그는 대단하게 인심 쓰는 듯한 태도로 말했다.

"아니, 그 말투는 또 뭐야? 4일짜리 근무라서 일 같지 않다는 거야? 그런 거야?"

"난 그런 말 안 했어. 당신이 한 말이지."

"그런 뜻으로 한 말이잖아!"

나는 화가 나서 결국 소리를 지르고 말았다.

"나도 지겨워. 나 없이 당신 혼자서 잘해봐. 이 앞치마랑!"

"좋아, 떠나! 이젠 이혼하는 일만 남았군! 당신이 줄곧 원한 게 그거였잖아!"

그의 말이 나를 강타했다. 마치 온 힘을 다해 던진 부메랑이 돌아온 것처럼. 나는 눈물범벅이 되어 외투를 집어 들고는 문을 쾅 소리 나게 닫고 집을 나왔다.

15

거리로 나선 나는 무의식적으로 눈을 들어 우리 아파트의 창문을 올려다보았다. 창가에서 내려다보고 있는 아들의 슬픈 얼굴이 보였다. 아들은 어른들 싸움의 책임이 마치 자기에게 있다는 듯한 표정을 짓고 서 있었다. 나와 눈이 마주치자 손가락으로 하트 모양을 만들어 보였다. 아이의 작은 손짓은 내게 기쁨 그 이상이었다. 나도 보답으로 아들에게 사랑 가득한 미소를 보낸 뒤에 그 자리를 떠났다. 나의 내적인 고통이 조금 가라앉는 순간이었다.

어느 누구와도 마주치지 않길 바랐다. 이처럼 언짢고 신경이 잔뜩 곤두선 상태에 있는 나를 누가 보는 걸 원치 않았기 때문이다. 그러다 문득 이런 순간에도 사회적 이미지에 신경을 쓰고 있는 나 자신이 한심하다는 생각이 들었다.

나는 행인들과 시선이 마주치는 것을 피했다. 모든 생각이 뒤죽박죽으로 엉켜들었고 마음은 참담했다. 그들이 내 얼굴에서 그런 혼란을 읽어내길 원치 않았다. 이렇게 침체된 내 모습을 목격한 증인은 없어야 해…….

나는 철책으로 둘러싸인 작은 공원까지 걸었다. 그리고 거기서 클로드에게 전화를 했다.

"클로드? 카미유예요……. 혹시 지금 통화 괜찮아요?"

나는 훌쩍거리며 물었다.

내 심경이 괴롭다는 것을 그에게 굳이 말할 필요도 없었다. 그가 단번에 알아차렸으니까.

"남편 때문이에요. 조금 전에 한바탕 벌이고 집에서 나왔어요. 난 한계에 다다랐어요. 우리 사이는 이미 너무 벌어져 버렸나 봐요."

그에게 이야기하는 동안, 그가 내 말에 진지하게 귀 기울이고 있다는 사실이 내게 어떤 평안을 주었다. 무슨 말이든 다 들어주는 사람이 있다는 것은 얼마나 큰 행운인가.

"……요즘 그는 내가 필요로 하는 걸 조금도 못 채워주고 있어요."

"당신이 필요로 하는 게 뭔데요?"

그가 재빨리 물었다.

"모르겠어요……. 내게 관심을 기울여주는 것, 친절하고 부드럽게 대해주는 것……. 그가 집에 들어올 때마다 마치 로봇이 들어오는 것 같은 기분이에요. 불평하고 화 내고, 세상에 자기 혼자밖에 없는 것처럼 오자마자 컴퓨터 앞에 달려드는 건 제쳐두더라도, 집에서 아무것도 하지 않는 건 이제 못 참겠어요. 컴퓨터에 빠져 있는 동안엔 아마 세상이 무너져 내려도 모를 걸요. 난 그 시간에 집안일을 하느라 동분서주하고 있는데! 아드리앵을 돌봐야죠, 숙제 봐줘야죠, 저녁식사 준비해야죠……. 이건 너무 불공평해요!"

"이해해요, 카미유……."

"게다가 그는 내가 자기 말을 들어주지 않는다고 되레 불평이에요. 하지만 그건 거짓말이에요! 내 말을 안 들어주는 건 바로 그 사람이라고요! 그는 뭐든 자기중심으로만 생각해요."

나는 휴대폰을 귀에 댄 채 아무도 없는 한적한 공원 안을 이리저리 거닐었다. 신경은 여전히 날카로운 상태였다.

"아! '문제는 그 사람' 게임이로군요. 그건 정말 안 좋은 거예요. 지금 두 분의 사이가 좋지 않은 건 바로 그 때문이에요. 그걸 귀머거리 대화라고 하죠! 무성의하게 듣는 건 듣는 게 아니에요. 진짜 듣는 건 상대방의 입장에 자신이 서 보는 거예요. 그에게 공감을 해야 하는 거죠. 우리 중에 정말 들을 줄 아는 사람이 얼마나 되는지 알아요? 극히 드물어요. 얼마나 드문지 상상도 못할 거예요! 난 가끔 이런 생각을 해요. 정말로 들을 줄 아는 사람이야말로 세상의 왕이라고요. 카미유, 서로 다툴 때는 상대가 하는 모든 말을 그대로 믿어버리지 않는 게 좋아요. 그게 무슨 뜻인지 알아요? 상대방의 진짜 감정을 간파하기 위해 행간 읽는 법을 배워야 한다는 뜻이에요. 남편은 당신을 비난하고 있어도, 아마 실제로는 두려움을 감추고 있을 거예요. 그의 공격성 뒤에 슬픔, 아니면 아직도 생생한 어떤 상처가 숨어 있다는 거지요."

그의 말을 듣고 있는 동안 나는 외투자락을 꼭 쥐었다. 안 그래도 추운 날씨가 우울한 감정 때문에 더 춥게 느껴졌다.

"그건, 좀 어려울 것 같아요. 그 사람이 요즘 어떤 눈으로 나를 바라보고, 어떤 태도로 대하는지 당신도 한 번 보면, 그렇게 쉽게 말할 수 없을 거라고요! 난 그가 더는 나를 사랑하지 않는다는 참담한 기분이 들어요!"

"흠……. 카미유, '그가'라는 말을 '내가'라는 말로 바꿔보겠어요?"

"……."

"카미유?"

"내가…… 나를 사랑하지 않는다는 기분…… 이렇게요?"

"바로 그거예요, 카미유. 당신은 모든 걸 비뚜로 보게 만드는 부정적인 생각의 필터를 통해서 남편의 행동을 해석하고 있어요. 지금 당신은 자신을 사랑하지 않고 있어요. 너무 살이 찌고 더 젊었을 때만큼 예쁘지 않다고 확신하기 때문이지요. 당신은 자신이 더는 사랑스럽지 않다는 데서 오는 두려움을 무의식적으로 남편에게 투사하고 있어요. 그런 태도는 결국 모든 걸 그렇게 만들어 가게 돼요! 스스로 만든 어두운 시나리오를 믿고 있기 때문이죠. 말하자면, 자신이 이제는 매력적이지 않고, 그래서 남편이 더는 자신을 사랑하지 않는다는 가정을 믿어버리는 거죠. 전혀 사실이 아닌데 말이에요."

클로드의 말을 듣는 순간, 머릿속에서 뭔가 길이 탁 트이는 기분이 들었다. 하지만 그의 말이 시원한 물처럼 내 안에 퍼뜨려주던 평온은 그때 막 공원으로 들어온 두 남자 때문에 방해를 받았다. 그때까지만 해도 흥분한 상태였기 때문에 인적 없는 공원에 해가 다 진 늦은 시각까지 여자 혼자 있는 것은 위험하다는 생각을 미처 하지 못하고 있었다. 나는 걸음을 빨리하되, 도망친다는 느낌을 줘서 그들의 주의를 끌지 않도록 조심하면서 서둘러 출구로 향했다.

"카미유, 듣고 있어요?"

나는 가로등 불빛이 환히 비치는 우리 동네까지 급히 달려갔다. 그리고 다시 대화를 이어가기 전에 두근대는 심장 박동이 좀 진정되기를 기다렸다.

"미안해요, 클로드. 약간 난처한 일이 생겨서…… 아까 하던 이야기를 마저 할까요?"

클로드는 우리 부부의 언쟁이 어떤 식으로 구성되는지 설명하기 위해 **연극적 삼각구도**의 조건을 알려주었다. 부정적 관계의 시나리오 안에서 두 사람이 어떻게 차례로 번갈아가면서 희생자, 가해자, 구원자의 역할을 하는지에 대한 이야기였다.

"그러니까 이 삼각구도에서 벗어나지 않는 한, 결코 긍정적인 해결책을 찾을 수 없어요. 당신 부부의 대화를 한번 생각해 보죠. 남편이 걸핏하면 화를 내고 불평을 할 때 그는 '가해자'예요. 그리고 당신이 그에게 대신 과자 부스러기를 치워주겠다고 했을 때 당신은 '구원자'가 되는 거죠. 또 당신이 그에게 도와주지 않는다고 불평할 때는 '희생자'가 되는 거지만, 당신의 말투가 비난으로 돌아서면 그때 당신은 '가해자'가 돼요. 또한 남편이 끔찍한 하루를 보냈다고 불평을 하면 이번엔 그가 '희생자'가 되겠지요. 이런 식으로 두 사람이 번갈아가면서 세 가지 역할을 하는 겁니다. 이런 언쟁에서는 서로의 감정이 더 격앙되는 것 외엔 다른 길이 없어요. 피할 수 없는 결과지요. 하지만 다행히도 이 삼각구도에서 벗어날 수 있는 아주 훌륭한 방법이 있어요."

"빨리 알려주세요!"

"이 부정적 게임을 중단시키려면 이런 삼각 구조가 존재한다는 것을 인정하는 게 첫 번째예요. 그 다음엔 대화를 다시 이어가기에 적절하고 조용한 순간을 기다리는 겁니다. 그러고 나서 당신이 무엇을 필요로 하는지 머릿속에서 명확하게 정리하세요. 남편이 암호 해독기가 없어도 분명히 알아들을 수 있도록 말이죠. 만약 당신의 요구가 합법적이고 합리적이라면, 남편이 들어주지 않을 이유가 없어요."

"그런가요……."

나는 손가락이 꽁꽁 어는 것을 무시하려고 애쓰면서 휴대폰을 귀에 바짝 갖다 댔다. 그러다 휴대폰을 다른 손으로 바꿔들고, 시린 손을 호주머니 속에 집어넣었다.

"그리고 또 있어요. 당신이 할 수 있는 것의 한계를 정하고, 그것을 주변 사람들에게 설명하는 법을 배워야 해요. 알다시피 당신은 거의 언제나 자신보단 타인을 기쁘게 해주려는 쪽을 택해왔어요. 당신의 욕구를 희생시켜서 다른 사람의 욕구에 과잉 적응하는 형태지요. 당신은 언제나 타인에게 많이 공감하도록 자신을 밀어붙여 왔어요. 사실 다른 사람의 행복을 염려하는 건 좋은 태도예요. 그렇지만 **적절한 공감**과 **뒤엉킨 공감**을 혼동해선 안 돼요! 뒤엉킨 공감을 하게 되면, 타인의 슬픔과 고통을 당신이 책임지려할 뿐 아니라, 그의 부정적 감정까지 흡수해서 결국 당신까지 우울해지게 돼요. 반면에 적절한 공감을 하게 되면, 주변 사람들의 말을 잘 들어주고, 그들의 문제에 동정도 하지만, 그렇다고 그들의 부정적인 기분에 전염되는 일은 없어요. 이건 일종의 보호막이라고 할 수 있는데, 타인의 슬픔을 빨아들이지 않기 위해서 매우 유용한 태도예요. 어떤 사건이나 상황을 겪고 어느 정도 시간이 지난 후에, 남이 하라는 대로 줄곧 끌려 다녔다는 느낌 때문에 머리끝까지 화가 나는 일 같은 건 없을 거란 소리예요. 당신에겐 아마 그런 일이 종종 있었을 거예요, 안 그래요?"

나는 그의 말에 동의했다.

"하지만 걱정하지 말아요. 과녁만 제대로 조준하면 되니까. 하지만 지나치게 친절하게 행동하는 건 이제 그만하세요. 그리고 당신의 감정에 좀 더 솔직해지세요. 그리고 또 하나 아주 중요한 게 있는데, 당신의 **청구서들을 버리는 법**을 배워야 해요. 조금 전에 당신이 했던 것처럼 불만들을 차곡차곡 쌓아두었다가 압력밥솥처럼 어느 한 순간에 갑자기 폭발시키지 말고."

"청구서요? 무슨 말이죠? 내가 무슨 청구서를 쌓아놨다는 거죠?"

"아니, 아니에요! 전혀 그런 말이 아니에요. 청구서를 버리라는 건 마음에 있는 생각이나 감정을 밖으로 표출하는 것을 그렇게 표현한 것뿐이에요. 당신이 불편하게 여기는 것들을 적어서 마음속에 꽁꽁 간직하지 말고 남편에게 말해야 한다는 거죠."

"알겠어요……."

"당신의 메시지를 남편에게 부드럽고 상냥하게 전달한다면, 그가 듣지 않을 리가 없어요. 그리고 나중에 당신 부부 중 한 사람에게 속

끓는 냄새가 코밑까지 솔솔 올라오기 시작하면, 상대에게 **레드 코드**를 사용하기로 서로 약속하세요.

"레드 코드요?"

"네. 두 사람이 신호를 정하는 거예요. 상대방에게 언쟁의 위험이 있다는 걸 미리 알려주는 거죠! 우리 부부도 아주 유용하게 쓰고 있어요. 일종의 경고인 셈이에요. 운전하면서 깜빡거리는 경고등을 켜듯이, 간단한 제스처를 사용하여 자신의 기분 상태가 지뢰밭으로 들어가기 직전이라는 걸 알려주라는 소리예요. 이렇게 서로 미리 알려주면, 두 사람 모두 공격성이 높아지는 걸 피할 수 있어요."

그때 휴대폰에서 신호음이 울렸다. 두 번의 호출음. 세바스티앵의 신호가 분명했다. 전화를 받아야 할까, 말아야 할까? 지금 당장은 아니야……. 그에게 자동 메시지를 보냈다. '지금은 통화 중입니다.'

"카미유, 아직 전화 받고 있어요? 신호음이 울리던데."

"네. 신경 쓰지 않아도 돼요. 나중에 내가 전화하면 되니까."

"남편인가요?"

"네. 하지만 당신의 이야기를 더 듣고 싶어요. 계속해주세요. 내겐 너무 중요한 이야기예요!"

"좋아요, 카미유. 하지만 길게 하진 못해요. 당신은 이제 집으로 돌아가야 해요. 나도 난롯가에서 날 기다리고 있는 아내가 있거든요! 하하."

나는 그제야 오랫동안 그를 붙잡아두고 있었음을 깨닫고 몹시 당황했다. 하지만 클로드는 다시 차분하게 말을 이었다.

"마지막 한 가지가 아주 중요해요, 카미유. 난폭하지 않게 비평하는 법을 배워야 해요. 그러려면 절대로 '당신이'라는 단어로 시작하면 안 돼요. 그건 상대방을 살해하는 대화 방식이거든요. 나는 그걸 **비난의 방아쇠**라고 불러요. 상대방을 튕겨나갈 수밖에 없도록 만드는 무기지요. 당신이 하고 싶은 말을 상대가 경청하게끔 하려면 **사감해** 방식을 써야 해요.

"사랑해요? 서로 싸우고 있는 판국에 뜬금없이 사랑을 고백하라고요?"

"아니요, 사.감.해. 사실, 감정, 이해의 줄임말이에요. 먼저 당신을 언짢게 만든 **사실**들을 기억하세요. 그리고 그 사실로 인해 당신이 느낀 **감정**을 표현하는 거예요. 그 다음엔 서로에 대한 **이해**의 영역을 넓히는 거죠. 둘은 어쨌든 서로에 대한 사랑과 관계 개선을 위해 대화를 나누고 있는 거니까요. 둘 모두 이길 수 있는 해결책이 필요한 거죠. 당신과 남편이 언쟁을 벌이는 시나리오를 되짚어 보면 이렇게 표현할 수 있어요. '내가 당신보다 직장에서 일을 덜 한다는 것을 암시할 때(사실), 난 몹시 속이 상하고 내 자신이 무가치하게 느껴져(감정). 내겐 정말이지 당신의 격려가 필요해(이해).' 이렇게 상대에게 이해를 구한 후에는 당신도 그를 위한 이해의 영역을 확보하는 게 좋아요. '당신이 나를 진심으로 자랑스럽게 생각해줬으면 해. 물론 당신도 그렇겠지. 난 우리 두 사람이 각자 가정을 위해서 하는 일을 가치 있게 느끼도록 서로 인정해줘야 한다고 봐. 그리고 그걸 상대방이 알 수 있게 더 자주 표현했으면 좋겠어. 이렇게 하면 우리도 서로 불만과 오해를 피할 수 있을 거야. 당신은 어떻게 생각해?' 이런 방식으로요."

"아! 괜찮은 생각이에요. 하지만 왠지 자연스럽지 않을 것 같은데요."

"카미유, 어떤 것이 더 중요하죠? 자연스러운 것? 아니면 공격성에 휘둘리는 것?"

그 말에 나는 미소를 지었다.

"알았어요, 클로드. 당신이 말한 원칙을 이해했어요. 하지만 바로 코앞에 닥친 이번 일은 어떻게 회복해야 되나요? 내가 집을 나올 때 남편은 무척 화가 나 있었어요. 심지어 이혼 이야기까지 꺼낸 걸요."

"그건 남편이 화가 나서 자신도 모르게 한 소리예요……. 당신이 그에게 먼저 화해의 손을 내밀면 그도 당신의 손을 잡을 수 있어서 다행스럽게 생각할 거예요. 틀림없어요. 중국의 금언을 하나 알려드릴게요.

큰 복은 하늘에서 오지만, 작은 복은 노력에서 온다.

상대에게 먼저 한 걸음 다가가는 게 중요해요. 그 일이 쉬워 보여도, 실제로 그렇게 실천하는 사람은 극히 소수랍니다. 정말 안타까운 일이죠."

"클로드! 난 이따금씩 너무 슬퍼요. 회색빛 스모그에 둘러싸인 것처럼 우울하고 칙칙한 기분이에요……."

"그것 역시 당신의 뇌가 온갖 조각들을 모아서 만들어낸 생각이에요. 당신은 지금까지 나쁜 영화를 찍어온 거예요. 언제라도 그것을 바꿀 수 있다는 사실을 반드시 기억하세요!"

"어떻게요?"

"우리가 이미 시작한 이 과정을 계속 따라가면 그렇게 할 수 있어요. 그리고 건강하게 잘 지내고, 자신에게 관심을 기울이고, 내면의 욕구와 자신의 본질적 가치들을 재발견해야 하지요. 당신이 빛을 발하기 위해서는 당신에게서 출발해야 해요. 행복의 책임을 배우자에게 떠넘겨선 안 돼요. 당신의 인생에서 그는 케이크 꼭대기에 장식하는 체리 같은 존재여야 해요. 그렇다고 중요하지 않다는 말은 아니지요. 케이크의 전체적인 모양을 바꿔놓는 건 그 체리니까요."

나는 크림이 뚝뚝 떨어지는 커다란 케이크 한가운데 놓인 세바스티앵을 상상했다. 너무나 우스운 이미지였다.

"클로드, 내가 남편에게 너무 많은 걸 기대한다고 생각하세요?"

"그 질문에 대한 답은 내가 할 게 아니지요. 난 그저 적당한 거리에서 사랑할 줄 알아야 한다는 걸 말하는 거예요. 관계는 고무줄과 같아요. 너무 잡아당기면 숨이 막히고, 그렇다고 너무 느슨하게 해도 안 되거든요. 그러면 아예 관계가 끊어져 버리니까요. 적절한 긴장 관계를 찾을 필요가 있어요. 그리고 우리를 과거와 이어주는 끈도 풀어버려야 해요."

"말하자면?"

"말하자면 당신이 어렸을 때 겪었던 관계들이 현재에 어떤 영향을 미치고 있는지를 이해하는 거예요."

"과거의 사건이 어떻게 현재의 내 인생에 영향을 미친다는 거죠? 잘 이해되지 않는데요."

"과거가 우리에게 얼마나 큰 영향을 미치는지 당신은 상상도 못할 거예요! 당신이 두 살 때, 아버지가 어머니를 떠났다고 이야기하지 않았던가요?"

"맞아요."

"우리의 삶에서 현재의 어떤 상황이 과거의 상처를 다시 헤집어놓는 경우가 생길 수 있어요. 그럴 때 그 시동장치가 된 상황 자체는 별것 아니었는데도 그 상황에 비해 부적절하게 큰 감정적 부담을 느낄 수 있지요. 과거와 현재가 꼬인 줄처럼 연결되어 있기 때문이에요. 조금 전만 해도 무의식적으로 당신은 화가 난 남편의 입에서 이혼하자는 말이 나오게끔 만들었어요. 당신 자신도 알지 못하는 상태에서 과거의 부정적인 도식을 활성화시킨 거죠. 다시 말해 아버지에게 버림받았던 과거의 두려움이 다시 효과를 발휘하도록 그 힘을 인정해버린 거예요. 사랑하는 남자로부터 버림받는 것에 대한 두려움 말이에요."

"내가 유도했다고요? 그건, 그건 말도 안 돼요……."

나는 완전히 멍한 상태가 되어서, 아직 문이 열려 있는 작은 카페로 들어섰다. 그리고 뜨거운 코코아 한 잔을 주문했다. 손에 쥐고 있던 휴대폰이 뜨끈뜨끈했다. 클로드와 통화한 지 30분이나 되었는데도 그는 처음과 똑같은 열정으로 계속 이야기해주고 있었다. 분명히 그도 이 모든 것을 다 겪었을 것이다. 그렇지 않고서야 이렇게 정확하게 말할 수 있을 리가 없다. 그는 자신이 이야기하는 내용에 완전한 확신이 있었다. 그리고 난 그가 하는 말을 하나도 빠뜨리지 않고 마음에 새겼다.

"그처럼 과거와 현재가 서로 연결되어 있음을 의식하는 것이 **과거에 묶인 줄 끊기**를 위한 훌륭한 첫 걸음이에요. 당신이 자신을 신뢰하고, 긍정적인 변화를 갖기 위해 계속해서 훈련을 해나가다 보면, 머지않아 당신도 그 오래된 악마로부터 완전히 벗어날 수 있을 거예요. 지금의 당신은 아버지가 떠났을 때의 그 어린 소녀가 아니에요. 아무것도 가진 게 없는 그 작은 아이가 아니란 말이지요. 당신은 책임감 있고, 자율적이며, 어떤 상황에도 맞설 수 있는 성인입니다. 그러니까 당신의 일부, 오래 전 두려워하고 고통스러워했던 내면의 소녀를 안심시키는 게 중요해요. 그렇게 함으로써 당신은 자신의 일부인 내면의 작은 소녀와 화해할 수 있게 될 거예요."

"내면의 작은 소녀를 안심시키려면 어떻게 해야 되죠?"

김이 모락모락 피어나는 뜨거운 코코아를 후후 불면서 내가 물었다.

"우선 조용한 곳에 자리를 잡아요. 그리고 그 어린 소녀에게 부드럽게 말을 걸어보세요. 마치 당신의 자녀에게 하는 것처럼 하면 돼요. 그 소녀에게 사랑한다고 말하고, 당신이 항상 곁에 있겠다고 말하세요. 그래서 언제라도 당신에게 의지할 수 있을 테니 안심하라고 도닥여 주세요……. 하지만 유년 시절의 상처로부터 완전한 치유를 받으려면, 먼저 용서의 단계를 거쳐야 해요."

"용서요? 누구를 용서한다는 거죠?"

"당신의 아버지."

"……."

클로드는 자신의 말이 나를 궁지에 몰아넣었다는 것을 분명히 느낀 듯했다.

"기회가 오면 그때 해도 돼요. 당신이 준비가 되었을 때……. 지금은 그냥 당신 부부의 삶에만 집중하세요. 그리고 부부 관계에서 당신이 주도자가 되세요. 당신이 더 많이 사랑을 주라는 뜻이에요."

"왠지 처음부터 다시 시작하는 기분이네요. 왜 항상 나만 노력해야 되는 거죠? 왜 그가 하면 안 돼요?"

"왜냐하면 두 사람의 관계를 긍정적으로 성장시키려는 노력으로 100배의 결실을 거둘 사람은 다름 아닌 당신일 테니까요!

다른 사람에게 선을 행하라, 그것이 바로 식견을 갖춘 이기주의다.

아리스토텔레스가 한 말이에요. 그리고 지금은 배움의 기회를 당신이 먼저 잡은 거라고 생각하세요. 그 길을 남편에게 보여주는 거예요. 당신이 주도권을 잡은 거지요. '누가 무엇을 했느냐' 식의 고전적인 경쟁은 빨리 포기하는 게 좋아요. 부부 사이에 누가 더 칭찬받아야 하느냐, 누가 더 잘했느냐를 따지는 부정적인 경쟁 말이에요. 이제 그런 싸움과는 완전히 결별해야 해요. 그렇게 생각하지 않아요, 카미유?"

물론 그렇다……. 그의 말이 옳다. 100번 옳다.

"잊지 말아야 할 건, 상대방도 현재의 관계 속에서 최선의 노력을 하고 있다는 걸 당신이 믿어야 한다는 거예요. 그리고 그가 보여주는 긍정적인 면만 붙잡고, 당신의 기대에 부응하지 않아 실망스러운 면에는 집중하지 마세요. 심은 대로 거둔다. 오랜 속담에는 배울 점이 많지요. 비난을 심으면 원한과 환멸을 거두기 마련이에요. 사랑하고 인정해주는 태도를 심으세요. 그러면 당신도 상대로부터 친절과 감사를 거두게 될 거예요."

"음…… 맞는 말이에요. 알겠어요. 하지만 나를 미치게 만드는 건 그의 냉랭함이에요, 사랑이 마비된 상태요! 난 아직도 생생한 감정과 소설 같은 사랑의 표현을 꿈꾸고 있는데!"

"그 점에 대해서도 중도를 목표로 삼을 필요가 있어요. 비현실적인 환상도 안 되고, 싸구려 야망도 안 되죠. 사랑의 불꽃을 다시 지피길 원하는 건 옳아요. 단 터무니없는 기대감을 갖지 않는 한도 내에서! 당신은 남편의 본질적인 개성을 존중하고 받아들여야만 해요. 그가 당신에게 줄 수 없는 것을 그에게서 기대해선 안 되죠. 사랑은 많은 주의를 요구해요. 적지도 많지도 않은, 꼭 필요한 만큼의 물을 줄 때만 잘 자라는 식물 같은 거예요. 남편이 좋은 의도로 하는 모든 일에서 남편의 가치를 높여주세요. 그리고 그에게 감사하고 있다는 것, 더 나아가 그에게 감탄하고 있다는 걸 보여주세요. 그러면 날이 갈수록 남편이 변해가고, 밝고 명랑해지는 걸 보게 될 거예요. 다정한 미소와 아낌없는 지원, 상냥함, 그런 것들이 애정을 자라게 해주는 밑거름이라는 걸 꼭 기억하도록 해요!"

또 다시 신호음.

"세바스티앵이에요."

"자, 이제 전화를 끊읍시다, 카미유. 뭘 더 기다려요?"

"클로드."

"네?"

"고마워요."

세바스티앵과 나는 긴장을 늦추기에 충분한 몇 마디를 전화로 주고받았다. 그러고 나서 나는 우리의 화해에 유머를 조금 더하기 위해 현관문을 살짝 열고 틈 사이로 하얀 손수건을 내밀어 흔든 다음 집 안으로 들어섰다. 관계 회복을 뜻하는 다정한 입맞춤으로 다시 평화 협정이 맺어졌다.

아드리앵이 이때를 틈타 자기 방에서 나와 우리 목에 매달렸다.

"엄마, 아빠! 그럼 이제 이혼 안 하는 거죠?"

막연한 불안 속에서 아이가 물었다.

세바스티앵과 나는 재확인을 구하는 마음으로 서로의 시선을 살폈다. 그리고 난 그의 눈에서…… 그래, 바로 그것, 가정에 대한 애착을 보았고, 안도감을 느꼈다.

"물론이지!"

내가 아이의 덥수룩한 앞머리를 부드럽게 헝클면서 말했다.

"아, 엄마! 하지 말아요!"

아이가 급히 머리카락을 본래대로 다듬으며 항의했다.

언제부터인지 차림새가 아이의 주요 관심사가 되어 있었다. 그리고 이 약삭빠른 꼬마는 이런 화해의 분위기를 이용해서 능숙하게 자기가 원하는 것을 획득했다.

"숙제 다 끝냈으니까, 이제 게임 좀 해도 되죠, 엄마?"

난 내 아들이 장래에 어떤 직업을 갖게 될지 도무지 짐작을 할 수 없다. 하지만 그것 때문에 지나치게 염려하지 않기로 했다. 이 녀석은 상대방을 설득하여 자신이 원하는 방향으로 이끌어가는 법을 잘 알고 있었다. 그런 아이를 오랫동안 미워하기란 어려운 일이다.

아드리앵이 프로 게이머 같은 진지한 자세로 게임에 집중하는 동안, 나는 잠시 세바스티앵과 머리를 맞대고 시간을 보냈다. 물론 나의 제스처와 말투는 부드러웠지만, 여전히 뭔가 억압되어 있다는 느낌은 지울 수 없었고, 마음도 몇 시간 전의 다툼으로 인해 여전히 상처를 안고 있었다. 어쨌거나 나는 백포도주를 따르고 있는 세바스티앵을 보면서, 우리의 사랑이 지나간 영광을 되찾을 수 있도록 노력을 기울여야 한다고 계속 다짐했다. 우리의 사랑이 예전의 열정을 되찾으려면 난 아직 갈 길이 한참 멀었다.

제5장

행복은 커다란 인내가 아니라 작은 미소에서 온다

16

다음 단계의 훈련을 위해서 클로드가 정한 약속 장소는 불로뉴 숲에 있는 아클리마타시옹 동물원이었다. 도대체 얼마만에 가보는 건지! 나는 어린아이처럼 들뜬 마음으로 화려한 회전목마가 돌아가는 풍경과 캐러멜을 잔뜩 묻힌 사과를 먹으며 깔깔 거리는 아이들의 모습을 실컷 즐겼다. 사실 난 지옥에 간다고 해도 따라갈 만큼 초콜릿 츄러스를 좋아한다. 그러나 다행스럽게도 클로드가 적절한 순간에 와주어서 그 유혹을 피해갈 수 있었다. 그와 함께 카페에 가서 차를 한 잔 했다. 나는 레몬을 얇게 썬 레몬 롱델 하나만 먹었다. 저항할 수 없을 정도로 탐스러운 과자와 케이크들이 즐비한 진열대 앞에서 달랑 그것 하나만 먹은 것은 보통 격조 있는 태도가 아니었다! 그러고 나서 클로드는 나를 요술거울 방으로 데리고 갔다.

"카미유, 뭐가 보여요?"

"아, 흉한 내 모습이요! 뚱뚱한 데다가 형태도 일그러져서 정말 볼 만하네요."

내가 웃음을 터뜨리며 말했다.

"이 모습이 진짜일까요?"

"다행히도 아니죠! 난 이렇게까지 뚱뚱하진 않거든요."

"당신은 실제로도 뚱뚱하지 않아요, 카미유. 거의 언제나 당신은 현실을 변형시키는 부정적인 생각 때문에 이처럼 일그러진 거울을 통해 자신을 보고 있어요. 당신의 생각이 당신을 골탕 먹이고 있는 거예요. 그 부정적인 생각은 당신에게 거짓을 이야기하고, 당신이 그걸 믿게 만들죠! 그건 흑마법사인 셈이에요. 하지만 당신은 더 큰 힘을 가진 마법사예요. 당신의 부정적인 생각을 중단시키고, 더 나아가 그 생각을 당신 뜻대로 부릴 힘을 갖고 있거든요! 카미유, 나를 봐요…… 자, 누가 당신 생각의 주인이죠?"

"모르겠어요……."

"아뇨, 당신은 알고 있어요."

"나란 말이겠죠?"

"물론이죠. 당신 외에 누가 있겠어요? 거의 모든 사람들이 스스로에 대해 몹시 안 좋은 판단을 내려요. 요즘 당신은 몸무게가 예전보다 4킬로그램 정도 더 나간다는 이유로 자신이 너무 뚱뚱하다고 확신하고 있어요. 하지만 그 문제가 지나치게 많은 자리를 차지하고 있는 건 당신의 머릿속이에요. 나는 살쪘다, 나는 뚱뚱하다……. 하지만 당신은 그게 사실이 아니라는 걸 스스로에게 확신시켜 줄 수 있어요!"

나는 그의 책상 서랍 안에 있던 사진 속 남자를 다시 생각하면서 그의 얼굴을 슬쩍 곁눈질했다. 그는 클로드의 친척일까? 아니면 클로드 자신일까? 감히 그 문제를 직접 물어볼 순 없었다. 그래서 다른 접근을 시도해봤다.

"당신은 그 문제를 아주 잘 알고 있는 것 같네요……?"

그 순간 클로드의 이맛살이 찌푸려지는 것과 얼굴에 놀란 기색이 나타나는 것을 보았다. 그는 잠시 침묵했다. 마치 대답할 시간을 찾으려는 것처럼. 그의 두 눈이 잠시 허공을 헤맸고, 그는 대답을 얼버무렸다.

"그래요. 난 그 문제를 아주 잘 알고 있어요……."

"당신도 겪어봤기 때문인가요?"

내 질문이 그의 신경을 거슬렀음을 그의 시선에서 읽을 수 있었다.

"그럴 수도 있지요. 하지만 우린 지금 내 이야기를 하기 위해 만난 게 아니잖아요."

오, 유감이로군. 나는 생각했다. 그의 삶에 대해 들을 수 있다는 게 얼마나 흥미진진한 일인데……. 하지만 지금은 그를 다그쳐선 안 될 때라는 걸 느꼈다.

그는 나를 다른 거울로 데리고 갔다. 정상적인 거울.

"자, 카미유. 자신을 잘 들여다보세요. 그리고 당신의 신체 중에서 가장 마음에 드는 부분이 어딘지 말해봐요."

나는 마음에 드는 부분을 찾으려고 내 모습을 샅샅이 살폈다.

"눈이 마음에 들어요. 내 눈은 반짝거리고, 꽤 예쁜 빛깔을 지녔어요."

"좋아요! 계속 해보세요."

나는 시선을 조금 더 밑으로 내렸다.

"가슴도 꽤 괜찮죠. 선이 제법 예뻐요. 발목도 아주 마음에 들어요. 발목부터 무릎까지 날씬한 다리를 가졌어요!"

"아주 좋아요, 카미유. 당신은 최선을 다해 그런 장점들을 강조할 수 있어야 해요. 모든 사람이 별로 신경 쓰지 않는 당신의 작은 결점들보다는 그런 장점에 초점을 맞추세요. 그리고 그다지 예쁘지 않은데도 대성공을 거둔 몇몇 여자들의 사례를 늘 염두에 두세요. 에디트 피아프를 보세요. 그녀는 아주 잘생긴 남자들로부터 뜨거운 사랑을 받았죠. 혹은 포동포동한 몸매로 유명한 마릴린 먼로도 있잖아요! 하지만 가장 중요한 건, 당신도 알아차렸겠지만, 당신 자신이 스스로에 대한 부정적인 생각에서 벗어나는 거예요. 자신감은 무엇보다도 아름다운 장신구지요. 자신감으로 빛을 내세요, 아무도 당신의 매력에 저항할 수 없을 거예요! 사람을 끄는 매력은 아름다운 것들로 채워진 내면에서 나온다고 하잖아요? 내 말을 믿어요. 선하고 자비로운 마음은 보석보다 더 빛나는 법이에요! 내면에 있는 당신의 모습이 밖으로 나타나 보인다는 걸 잊지 마세요."

나는 그에게도 그런 일이 일어났던 거냐고 묻고 싶었다. 그의 인생은 아직 내가 들춰 볼 수 없는 수수께끼의 베일로 덮여 있었다. 나는 농담을 하는 것으로 만족하기로 했다.

"오늘은 마치 철학 선생님 같군요! 하지만 전반적인 생각은 이해했어요."

"더 나은 사람이 되기 위해선 날마다의 노력이 필요해요. 긍정적인 파동을 전파하세요. 그러면 얼마 가지 않아서 성공적인 삶을 누리게 될 거예요."

"그렇게 안 되면 어떻게 해요, 클로드? 많은 노력에도 불구하고 내가 계속 못나게 굴면 어쩌죠?"

"쉿, 쉿, 쉿! 더는 **생각의 쥐들**을 키우지 말아요. 당신의 두려움, 콤플렉스, 잘못된 믿음들에게 먹이를 주지 말아요. 이런 부분들이 당신 안에서 불평과 불만을 만드는 거예요. 무의식적으로 당신이 그렇게 하고 있다는 걸 알고 있나요?"

"음…… 어쩌면 이런 게 아닐까요? 내가 계속 못난 상태로 남아있으면 다른 사람들의 주목을 끌지 못할 테고, 그러면 실망하거나 배신당할 위험도 없을 거다. 그리고 사람들이 내게서 많은 걸 기대하지 않을 거고, 그러면 난 마음의 평화를 가질 수 있다."

"다른 사람들의 시선을 끄는 게 왜 위험하다고 생각하지요?"

"시선을 많이 받는다는 건 그만큼 평가도 많이 받고, 판단도 많이 받는다는 뜻이잖아요. 그러니 상처 받을 위험도 더 많겠죠……."

"그래요, 하지만 사람들은 당신이 상처를 받을 때만 당신에게 상처를 줄 수 있는 거예요. 당신이 자신의 정체성에 자신감을 가지면 가질수록 외부에서 오는 타격에도 상처를 덜 받아요. 그러니 당신이 자존감의 근육을 더 단단하게 키우고, 당신의 인격과 본질적 가치들과 일치하는 삶의 계획을 세우고, 더는 두려움을 갖지 않게 될 때, 당신은 비로소 긍정적인 비전을 갖고 평온하게 앞으로 나아갈 수 있을 거예요."

"그렇겠죠. 그럼, 나 자신에 대한 이미지를 개선하려면 어떻게 해야 되나요?"

클로드는 정상적인 거울 앞으로 나를 세웠다.

"아침마다 거울 앞에서 하는 **내적인 대화**를 바꾸세요. 긍정적인 주장을 되풀이하는 거예요. 스스로가 아름답고 매력적인 사람이라고 주장하는 거죠. 난 나의 몸매를 사랑한다, 나는 예쁜 눈과 아름다운 가슴을 갖고 있으며, 내가 원하는 것을 얻을 수 있는 멋진 여자다."

"저…… 그건 좀, 지나친 게 아닐까요?"

"조금 지나치긴 하죠!"

그가 짓궂은 표정으로 대답했다.

"자, 이제 **모델링** 기술을 배워봅시다."

"그게 뭔데요?"

"당신은 어떤 여성을 볼 때 가장 탄복하나요? 그리고 그 이유는?"

"글쎄요…… 난 이자벨 위페르를 아주 좋아해요. 그녀는 정말 매력적이죠!"

"좋아요. 그럼 이제부터 이자벨 위페르를 연구하세요. 그녀의 태도, 워킹, 미소……. 그리고 그녀의 제스처를 그대로 모방하는 훈련을 해보세요. 자, 눈을 감아봐요. 당신이 이자벨 위페르가 되어서 거리를 걷는 중이라고 상상해보세요. 기분이 어때요?"

© taniavolobueva | Shutterstock.com

"음…… 난 아름다워요. 자신감이 넘치고, 아주 침착하죠."

"주변 사람들은 어떻게 반응하고 있지요?"

"나를 바라보면서 찬사를 보내요……."

"기분이 좋은가요?"

"아주 좋아요!"

"멋져요! 머릿속에 그 감정을 잘 간직하세요. 그리고 망설임 없이 그걸 현실로 만드는 거예요. 당신이 모델로 삼고 싶은 사람들과 일심동체가 되어야 해요."

"그래요, 노력해볼게요……. 재미있을 것 같네요."

"그리고 모델 이야기가 나왔으니…… 난 당신이 멘토들을 찾았으면 해요. 당신은 어떤 인물들을 존경하죠? 그들의 장점은? 그들의 성공 모델은? 그들의 삶을 공부하고, 그들의 전기를 읽어보세요. 그들의 사진을 모두 모아서 멋진 패치워크 그래픽 한 장을 만들어보세요. 2주면 충분하겠죠? 내게 보여줄 수 있는 시간이?"

"음…… 고생 좀 하겠는데요."

많은 숙제를 떠안은 학생이 된 기분이었다. 하지만 클로드가 예고했다. 내면의 작은 괴물들이 호시탐탐 나를 노릴 것이라고. 게으름, 의기소침 등등. 하지만 변화를 위한 리듬의 강도가 아무리 세더라도, 그리고 '새로운 나'라는 신발이 별로 편하게 느껴지지 않는다 해도, 난 집념을 갖고 노력하기로 맹세했다.

17

나는 기진맥진해서 집으로 돌아왔다. 많은 정보들이 머릿속에서 뒤죽박죽 뒤섞였다. 이 짧은 시간에 얼마나 많은 변화가 시작되었는가! 난 긴장을 풀기 위해 뜨거운 물에 목욕을 해야 했다. 거품입욕제를 한껏 풀고 따갑게 느껴질 정도로 뜨거운 물속으로 들어갔다. 오, 이 행복감! 나는 어렸을 때처럼 거품을 갖고 장난을 쳤다. 퇴행의 기쁨.

오늘은 여유 부릴 시간이 있었다. 어제 저녁에 TV를 보는 대신에, 오늘을 위해 미리 맛있는 요리를 준비해놓았기 때문이다. 그러니 식탁에 가서 앉기만 하면 된다.

나는 멋진 식탁 앞에 앉아 우리 집 남자들이 내지르는 탄성의 콘서트를 즐길 권리가 있었다.

"너무 맛있어요, 엄마! 엄마는 탑 셰프에 나가도 될 거예요. 장담해요!"

나는 파이를 세 개째나 먹는 아들을 보면서 몰래 웃었다. 파이 속에다 부드러운 두부와 올리브유에 적신 호박, 그리고 염소 치즈를 넣어 놓았다.

'저 녀석이 호박을 먹었어, 호박을 먹었다고!'

아드리앵은 종종 저녁식사 후에 자기와 함께 보드게임을 하자고 조르곤 했다. 하지만 나는 한 번도 응한 적이 없었다. 그런데 오늘은 내가 먼저 하자고 했더니, 아이가 놀라서 입이 쩍 벌어졌다. 눈 속에는 기쁨의 빛이 반짝거렸다. 아이들에게서만 느낄 수 있는 환하고 맑은 기쁨이 나의 망설임을 완전히 씻어가 버렸다.

그건 클로드가 제안한 것이었다. 너무 어른처럼 행동하는 것을 멈추라고. 아들과 한 마음이 되어 즐거움에 빠지는 순간을 더 많이 만들라고. '비결은, 그 순간을 함께 나누는 거예요.'라고 슬쩍 윙크하며 말했다. 그래서 난 이제 게이머 모드로 들어가서, 내 내면의 어린 소녀와 재접속을 시도했다. 그것은 책임감 있는 성인 자아에 너무 속박되어 있어서 그동안 기를 못 펴고 있던 나의 또 다른 한 면, 즉 놀이를 좋아하고 창조적인 나의 일부를 다시 끌어내는 것이라고 클로드가 설명했다. 그리고 실제로 해보니, 나는 게임을 아주 즐기고 있었다. 게다가 아들의 행복한 얼굴이 모든 보상을 해주고도 남았다. 아이는 나와 함께 게임을 했다는 것에 매우 만족하면서 칭얼대지 않고 금방 잠이 들었다. 이 행복!

"이제 내 어깨에 기대러 오는 거야?"

아이를 재우고 거실로 나오자, 소파에 누워 있던 남편이 물었다.

"아니, 지금은 아니야. 할 일이 좀 있어."

내가 부드럽게 대답했다.

그는 놀란 것 같았다. 조금 당황하기까지 했다. 평소에 그에게 안아달라고 조르는 것은 항상 나였으니까. 그런데 처음으로 그 역할이 바뀐 것이다. 어쩌면 나도 이제 밀고 당기는 게임의 고수가 되어가고 있는 것일까?

나는 거실 테이블 위에 노트북과 종이, 연필을 올려놓았다. 그리고 가장 쉬운 것부터 시작했다. 내가 모델로 삼고 싶은 인물들의 이름으로 표를 만드는 일이었다. 생각나는 대로 써내려갔다.

나는 간디의 지혜와 붓다의 평온, 오드리 헵번의 우아함, 록펠러의 사업 감각, 마더 테레사의 의지와 희생정신, 마틴 루터 킹의 용기, 피카소의 창조적 재능, 스티브 잡스의 창의력, 다빈치의 예언적인 상상력, 채플린의 감성, 그리고 마지막으로 내 할아버지의 유머 감각과 침착성을 갖고 싶다!

그런 다음 나의 브레인스토밍에 만족하면서, 인터넷에서 이들의 사진을 찾아내 하나씩 프린트를 했다. 사실 나는 이런 일들이 뭐 그

리 큰 효과가 있을까 싶어서 별로 기대를 하지 않았다. 그러나 이 훌륭한 인물들의 얼굴을 모아놓고 보는 순간, 어떤 영감을 받았다고 할까, 아무튼 새로운 의미를 갖게 되었다. 나는 그들의 얼굴을 보면서, 그들이 재능을 발휘할 수 있었던 비결을 조금이라도 파악하고, 그들의 성공 사례로부터 영향을 받도록 노력하고픈 마음이 솟아올랐다. 별것 아닌 이 작은 행동이 내 안에 있던 가치관들에 빛을 던져주고, 내가 되고 싶었던 사람에 대한 비전을 가다듬어주고 있음을 느낄 수 있었다.

내가 본받고 싶은 인물들로 구성된 보드판이 아주 만족스러운 형태로 탄생했다! 난 그 작품을 내 책상 옆, 보기 좋은 자리에 걸어두기로 마음먹었다. 그 다음엔 내가 좋아하는 의상 분야에서 모델을 찾는 작업을 계속했다. 먼저 위대한 창조자들의 전기들을 살펴봤다. 그 중에서도 내가 특히 좋아하는 사람은 패션계의 거장 장 폴 고티에다. 나는 위키피디아에서 그에 관한 정보들을 훑었다.

그는 열여섯 살에 아동복 컬렉션의 스케치를 했다. 그가 양재를 직업으로 삼기로 결심한 것은 자크 베케르의 영화 〈걸치레〉를 보고 나서였다. 이 영화의 의상을 담당한 사람은 당시 최고의 디자이너였던 마르셀 로샤였다. 이때부터 패션에 눈을 뜬 그는 이브 생 로랑의 회사에 자신의 스케치를 보냈지만 거절당했다. 그러나 그 스케치는 다시 피에르 가르뎅에게 보내졌고, 그리하여 18세 되는 바로 그 날부터 1년간 가르뎅의 조수로 일할 수 있었다. 이후에도 자크 에스테렐, 장 파투 등 여러 유명한 쿠튀르 하우스들을 거치면서 일했다.

이처럼 천재적 재능을 가진 남자가 이브 생 로랑에게 거절을 당했다니! 믿을 수 없는 일이다.

그 사건은 어렸을 때 할아버지로부터 자주 들었던 이야기를 떠올리게 해주었다. 끈질긴 인내에 관한 짧은 이야기였다.

"내가 말하려는 남자가 누군지 아니? 그 남자는 가난한 집에서 태어나서 일생 동안 실패를 견뎌야 했던 사람이란다. 그는 여러 번 포기할 수 있었어. 그리고 포기할 수밖에 없는 이유를 대자면 아마 수천 가지도 넘게 댈 수 있었을 거야. 하지만 그는 그렇게 하지 않았단다. 챔피언의 태도를 갖고 있었던 거야. 그래서 결국 챔피언이 되었지. 챔피언은 결코 포기하지 않거든. 그는 어린아이였을 때 어머니를 여의었단다. 그리고 사업에 실패하여 첫 번째 파산을 했지. 이어서 주의원 선거에서 낙선하고, 그 다음엔 직장을 잃고, 또 다시 사업에서 파산. 이때의 빚을 갚는 데 무려 17년의 세월이 걸렸다는구나. 게다가 사랑했던 약혼녀는 죽고 말았고! 그즈음의 그는 정말 심각하고 깊은 우울의 시기를 보내야 했지. 그러다 다시 일리노이 주의회 의장 선거에서 낙선, 하원의원에 당선되었지만 연방하원의원 공천에서 또 탈락. 다시 연방상원의원 낙선, 부통령 후보 경선에서도 낙선, 상원의원 선거에 출마해서 또 다시 낙선……. 카미유, 이 남자가 바로 에이브러햄 링컨이란다!"

이 이야기를 들려주시는 할아버지의 입가에는 언제나 미소가 피어올랐다.

그렇다면 나는? 내가 살아온 나날 동안 줄곧 그렇게 끈질기게 밀고 나갔던가? 나의 꿈을 너무 빠르게 포기한 걸까? 그 생각에 이르자 우울한 기분이 들었다.

금방 의기소침해진 나는 복도 끝에 있는 벽장으로 가서, 내가 그린 그림들을 모아 둔 상자를 꺼냈다. 그리고 예전에 그렸던 스케치들을 한 장 한 장 넘기기 시작했다. 나는 내가 그린 선들이 얼마나 여유 있고 편안해 보이는지 깜짝 놀랐다. 지금의 나로선 상상할 수도 없을 만큼 대담한 필체! 마케팅 대신 미술 학교에 들어가서 공부했더라면 나도 뭔가를 해냈을 수도 있는데……. 하지만 지금은 너무 늦었다. 그때의 나는 틀에 박힌 크로키들보다는 평범한 아동복을 새롭게 디자인하는 것을 즐겼다. 내가 상상한 것은 옷감과 소재, 그리고 독창성을 부여해주는 문양들을 서로 덧붙이는 방식이었다.

"뭐야, 옛 추억에 빠져 있는 거야? 우리 마님께서 향수에 사로잡혔군!"

세바스티앵이 복도를 지나가면서 짓궂게 놀려댔다.

내가 얼굴을 돌려 그에게 짐짓 매서운 눈길을 보냈다.

"오, 미안, 미안! 농담한 거야."

그가 내 뺨에 입을 맞추며 말했다.

"당신의 그림은 정말 훌륭해. 그런데 안 잘 거야?"

"지금 안 잘래……. 조금 더 보고 잘 거야."

나는 마치 내 꿈을 어루만지듯, 종이들을 손가락으로 쓰다듬었다. 내 꿈을 되찾기로 결심한다면, 세바스티앵은 이런 나의 뜻을 이해할까? 그 역시 나와 함께 변화의 기차를 타려고 할까? 아니면 역에 남아 있으려 할까?

18

최근의 변화들 때문일까, 모른 척 접어두었던 꿈이 더는 숨겨지지 않았다. 내 마음에서 불쑥불쑥 튀어나오고, 심장을 뛰게 했다. 하지만 서두르지 않았다. 다만 자기성찰의 느린 작업을 계속했다.

제일 먼저 독창적인 몽타주 사진을 만들어 초상화를 그리는 일에 몰두했다. 잡지에서 사진들을 오려서 아름다운 여인의 실루엣 위에 내 얼굴을 붙였다. 그리고 내 팔 밑에는 유아복 크로키를 그린 도화지들을 붙였다. 또 잡지에 있는 다양한 형태의 글씨들 가운데서 마음에 드는 글자들을 오려서 단어들을 만든 다음, 내가 꿈꿔왔던 형태의 삶을 배경으로 삼고 그 위에 단어들을 잘 어울리게 붙였다. 이렇게 해서 '자신감' '담대함' '확고한 태도'라는 단어들이 그 구성 안에 자리를 잡았다. 그리고 '창의성' '관대함'이라는 단어를 사용해서 작업을 마무리했다. 이렇게 하고 보니 내가 되고 싶었던 사람의 이미지가 차츰 뚜렷하게 나타나기 시작했다. 생동감 있고, 창의적이고, 야망이 있으며 재미있고, 관대한 사람!

나는 몹시 만족해하면서 그 몽타주를 사진으로 찍어 클로드에게 보냈다. 즉각 답장이 왔다.

훌륭해요! 당신의 꿈이 구체적인 모습을 갖춰가는 게 보이는군요. 우리는 계속해서 조금씩 더 명확하게 해나갈 거예요. 이제 새로운 카미유가 나타나고 있는 중입니다! 당신이 계속 변화의 길을 가기 위해 6구역에 있는 생 쉴피스가 59번지에서 목요일 12시 30분에 나와 만날 것을 제안합니다.

아, 그리고…… 오늘밤은 잠들기 전에 양 떼의 수를 세는 대신에 오늘 하루 중에 당신에게 일어났던 유쾌한 일 혹은 좋았던 일 세 가지를 떠올려 보세요. 해보면 알겠지만, 효과만점일 거예요!

19

나는 클로드가 이번엔 어떤 깜짝 수업을 준비해두었을까 궁금해하면서 지하철역을 나섰다. 그는 현장에서 구체적인 행동을 통해 보여주는 그만의 독특한 수업 방식을 갖고 있었다. 그 수업에서 받는 조언 혹은 가르침은 은유적이면서도 확실하게 전달되었다. 난 그가 나를 열기구에 태우려고 했을 때를 생각하면서 혼자 웃었다. 그리고 오늘…… 오늘은 무엇을 하게 될까? 생쉴피스 거리에 이르자 나는 선물상자를 받아들고 빨리 열어보고 싶어서 안달이 난 어린 소녀처럼, 59번지에 조금이라도 빨리 도착하려고 걸음을 재촉했다.

드디어 완전히 유리로 되어 있는 건물 앞에 이르렀다. 매우 현대적이고 깨끗한 빌딩이었다. 유리벽 너머로 보이는 실내 가구들도 세련되게 보였다. 그곳이 무엇을 하는 곳인지 깨닫기까지는 조금 시간이 걸렸다. 그래서 문을 열고 들어갔다가 느낀 것은…… 당황스러움과 동시에 흥미로움이었다. 클로드가 초대한 곳은 다름 아닌 치아미백을 해주는 스마일 바였다! 그 생각이 벌써 나를 미소 짓게 했다. 이런 곳이 있다는 것은 알고 있었지만 들어와 본 것은 처음이었다.

클로드는 여자 원장과 함께 등받이가 없는 높은 의자에 걸터앉아 이야기를 나누고 있었다. 그들은 너나하는 막역한 사이인 듯했다. 두 사람 모두 나를 따뜻하게 맞아주었다. 나는 스타일을 새롭게 바꿔주는 TV 프로그램의 응모자가 된 기분이었다. 클로드는 내가 입을 활짝 벌리고 치아를 다 드러내며 웃는 '호쾌한 웃음'을 짓게 하고 싶은 것 같았다. 그 생각이 나를 조금 거북하게 했지만, 그는 고집스럽게 강조했다. 그것도 교육의 한 과정이라면서.

원장이 우리를 작은 방으로 안내했다. 클로드는 미백 시술이 시작되길 기다리는 짧은 시간을 이용해서 이야기했다.

"카미유, 당신은 내가 단지 아름다운 치아를 갖게 하려고 당신을 여기까지 오게 한 게 아니라는 걸 알고 있을 거예요."

"그렇겠죠, 당신이 알려주고 싶은 본질은 그저 하얀 치아가 아닐 테니까요"

그러곤 둘 모두 미소를 지었다. 아주 적절한 시기에 나온 미소!

"치아관리의 중요성 외에도 나는 당신이 갖고 있는 미소라는 자본이 얼마나 중요한 건지 상기시켜 주려고 여기 온 거예요. 당신의 미소는 복권보다 훨씬 더 확실하게 재산을 만들 수 있는 자본이거든요!"

"그건 좀 과장이 아닐까요?"

그는 내 반응에 개의치 않고 계속 말을 이어갔다.

"미소 짓는 데는 전혀 돈이 안 들지만, 주변 사람들과 당신 자신의 사기에 미소가 끼치는 영향력은 아주 막대해요. 그러니 이중의 혜택이 주어지는 셈이지요! 당신도 피에르 신부의 이야기를 알고 있겠죠?

미소는 전기료보다 싸지만, 햇빛만큼 밝은 빛을 준다.

심지어 그는 어떤 사람에게 진심으로 보낸 미소가 하루에 무려 500명의 사람을 미소 짓게 만들 수 있다는 걸 증명해 보였죠! 미소가 우리의 뇌와 육체에 끼치는 이익은 더 말할 필요도 없을 거예요.

최근 미국에서 이뤄진 한 연구가 그 사실을 증명했다는 걸 알고 있나요? 과학자들이 실험 대상자들에게 젓가락을 입에 물고 있게 했어요. 첫 번째 그룹은 무표정한 얼굴로 물고 있으라고 했지요. 두 번째 그룹은 억지 미소를 지으면서, 세 번째 그룹은 자연스럽게 웃게 만든 후에 젓가락을 물게 했어요. 그 실험을 시작으로 해서, 대상자들이 얼음물에 손을 담그고 있는 등 스트레스를 받는 여러 가지 상황 속에서 계속 같은 실험을 해봤지요. 그리고 각 상황마다 각 그룹의 심장 박동 수가 변화하는 것을 기록했답니다. 어떤 결과가 나왔는지 알아요? 무표정한 그룹에서는 심장 박동 수가 현저하게 빨라졌다고 해요. 억지 미소를 지은 그룹에서는 첫 번째 그룹보다 조금 덜 빨랐고요. 하지만 자연스러운 미소를 지은 세 번째 그룹에서는 오히려 더 느려졌다는 거예요! 이 실험은 무엇을 보여주는 걸까요? 미소는 자연스러운 것이든 억지로 하는 것이든 어쨌든 인체에서 스트레스를 줄이는 효과가 있다는 겁니다. 그 점에서 과학자들은 아주 단호하게 말하고 있어요. 설명을 하자면 이런 거예요. 자연스러운 것이든 억지스러운 것이든, 뇌는 미소를 좋은 기분 상태로 해석해서, 평온하게 해주는 호르몬을 분비한다는 거죠. 아름답지 않아요?"

"정말 그러네요!"

"카미유, 미소는 당신을 사람들로부터 더 많이 사랑받게 해줘요. 당신을 더 행복하게 해줄 뿐 아니라, 더 오래 살고, 더 좋은 건강 상태를 유지하게 해주죠. 미소를 짓고 있을 때 당신이 훨씬 더 아름답게 보인다는 건 말할 필요도 없는 사실이죠. 당신의 얼굴은 미소를 띠고 있을 때 더 환해지고, 훨씬 더 젊어 보여요. 다음 단계에서는 **내적인 미소**를 살아나게 하는 법을 배울 거예요."

"내적인 미소요?"

"그래요. 자신을 향해 짓는 미소를 말해요. 내적 평화를 가져다주는 미소인 거죠. 옛날 도교의 스승들은 이 내적 미소의 기술을 가르쳤고, 그것이 건강과 행복과 장수를 보장한다는 걸 분명하게 알려주었어요. 자신을 향해 미소를 짓는 것은 사랑을 가득 부은 탕 속에 들어가 있는 것과 같거든요. 내적인 미소는 활기로 가득한 에너지를 줄 뿐 아니라, 상당한 치료의 능력도 갖고 있어요."

"오, 그건 구체적으로 어떻게 훈련하는 거죠?"

"매일 잠깐씩 할 수 있어요. 짬이 날 때마다 조용한 곳을 찾아서 앉은 다음, 몸의 모든 긴장을 풀고, 약간 입을 벌린 채로 턱에 힘을 빼는 거예요. 그리고 호흡을 의식하세요. 심호흡을 하는 거죠. 심호흡이 신체적으로도 심도 있는 휴식을 가져다주거든요. 넷을 셀 동안 숨을 들이마셨다가, 둘을 셀 때까지 숨을 멈춘 후에 다시 넷을 셀 동안 숨을 내쉬고, 둘을 셀 때까지 멈추고. 다시 처음부터 반복하는 거예요. 익숙해지면 4-2/4-2 리듬을 8-4/8-4, 16-8/16-8 리듬으로 차츰 늘려갈 수 있을 거예요. 그리고 이 생명의 숨을 내적인 마사지라고 상상하세요. 평온한 상태에서 당신의 내적인 미소를 느낄 수 있을 거예요. 깊은 행복, 만족스러운 휴식, 부드러운 평안을 경험하게 될 거예요."

"솔직히 말해서 내가 충분히 긴장을 풀고 이완 상태에 이를 수 있을지 모르겠네요. 난 워낙 빨리빨리에 익숙한 사람이거든요."

"시작하기도 전에 못할 거라고 지레 짐작하지 말고, 며칠 동안 실험해보세요. 아마 그 결과에 놀랄 걸요! 처음엔 누구나 다 움직이지 않고 가만히 있는 게 어려워요. 그게 정상이지요. 하지만 시간이 갈수록 그런 상태에 있을 때 느끼는 진정한 기쁨을 알게 될 거예요. 그건 뭐랄까, 푸른 하늘 같은 거라고 할까……. 카미유, 여름날 바닷가에서 보는 아름다운 푸른 하늘을 사랑하죠, 안 그래요?"

"물론이죠! 정말 황홀하죠. 여기는 1년 내내 우중충한데……."

"좋아요, 그러니 꼭 내적인 미소를 되찾도록 하세요. 그건 아름다운 푸른 하늘의 한 귀퉁이를 되찾는 것과 같아요. 당신이 그걸 진정으로 원하는 순간, 바로 그렇게 될 거예요. 구름에 뒤덮여 있다고 해도 사실 하늘은 언제나 푸른 법이죠! 마찬가지로 당신의 기분이 우울하다 해도, 내면에는 당신을 기다리고 있는 멋진 푸른 하늘이 항상 존재해요. 그러니 그것과 재접속하는 법만 배우면 돼요……."

"마음에 쏙 들어요! 의욕이 마구 솟네요."

그때 우리가 있는 방 안으로 한 젊은 여자가 들어왔다. 클로드가 곧 방을 나갔고, 나의 치아를 새하얗게 만드는 작업이 시작되었다. 나는 그녀가 시키는 대로 했다. 그리고 잠시 후에 거울 속에 비친 나의 새로운 미소를 보고 감탄에 빠졌다. 놀라웠다! 나는 즐거운 마음으로 클로드를 찾아갔다. 대기실에서 기다리던 그가 내게 다가왔다.

"이제 치아를 활짝 드러내고 미소 지을 준비가 다 되었군요. 하지만 내면에서부터 나오는 미소일 때가 가장 아름답다는 걸 꼭 기억하세요."

20

그날 오후, 나는 거리에서 클로드의 가르침을 실험해 보았다. 나를 이자벨 위페르라고 생각하면서, 마주치는 남자들에게 완전히 새로워진 나의 미소를 선물처럼 던진 것이다. 자신감으로 가득 찬 매혹적이고 경쾌한 태도를 머릿속에 그리면서!

그 결과는 아주 놀라웠다. 20분 동안 무려 네 명의 남자가 나를 불러 세웠다. 그중 두 남자는 내게 미소가 아주 예쁘다고 말해주었다. 한 남자는 커피 한 잔 같이 하겠냐고 물었고, 심지어 자신의 명함을 주는 남자까지 있었다. 내 자존감이 하늘을 찌를듯 올라갔음은 말할 필요도 없다! 난 새로운 감정을 맛보았다. 그리고 그 순간에 은밀하게 작은 닻을 내렸다. 우울한 날들을 만날 것에 대비해서.

내 태도의 변화를 사무실 동료들이 눈치 채지 못할 리가 없었다. 나는 그저 재미 삼아서, 상황에 따라 바꿔가며 나의 멘토들을 모델링해보았다. 그 결과 어떤 때는 스티브 잡스의 자신감을 갖게 되었고, 또 어떤 때는 유도 영웅 다비드 두이예의 투지를 얻었다. 이런 실험은 나 자신과의 게임이 되었다. 나는 이 게임이 내 생각을 바꾸고, 직장 동료들에게까지 영향을 미치는 것을 보고 놀랐다. 그들의 태도도 확실히 평소와 달랐다. 평소에는 수준 낮은 유머를 구사하거나 빈정거리기에 바빴던 사람들인데…….

사실 최근 몇 달 동안 직장의 업무는 불쾌하다고까지는 할 수 없어도 아주 지겨운 것이 되어 있었다. 그런데 이 새로운 변화가 평상시 와 다른 열정을 갖게 해주었다. 물론 이것은 모두 **마치 정말 즐거운 것처럼** 받아들여 보라고 했던 클로드의 조언에 따른 것이었다. 그는 거북한 상황이나 꼭 해야만 하는데 별로 하고 싶지 않은 일을 마치 세상에서 가장 재밌는 일인 것처럼 여겨보라고 했다. '기적 같은 변화가 저절로 하늘에서 떨어지길 기다리면서 겨우겨우 지낼 것이 아니라, 상황을 400퍼센트 즐기면서 취할 이득이 있다면 모두 다 취하라.' 고 말해주었다.

그래서 나는 며칠 전부터 철저하게 열심히 일하고, 항상 미소를 잃지 않았다. 그리고 이런 내 모습은 부장의 시선을 비껴가지 않았다.

"카미유, 자네의 이런 모습을 오랜만에 다시 보는군. 태도가 아주 마음에 들어! 다시 풀타임으로 일해 볼 생각은 아직도 없는 건가? 확실한 거야? 한 번 생각해보게……. 그렇게 되면 좋겠군."

깜짝 놀랐다! 캄캄한 감옥에서 나와 구름을 탄 기분이었다. 나는 참으로 만족스러웠고, 은밀하게 작은 승리의 기쁨을 맛보았다. 일종의 복수와도 비슷하지 않은가? 동시에 내가 원하고 있던 게 바로 이것이었나 하는 의문도 들었다.

어쨌든 나의 긍정적인 파도는 사무실 안에서 계속 퍼져나갔다. 심지어 달걀 머리까지도 나를 새로운 눈으로 바라보기 시작했다. 내가 예전에 자주 했던, 상냥한 체하며 그가 해대는 모든 지적질을 다 듣고 나서, 촌철살인의 한 마디로 그의 말문을 막히게 만드는 것은 생각만 해도 통쾌한 일이었다! 하지만 새로운 카미유는 그런 부정적이고 비생산적인 만족감에 마음을 빼앗길 시간이 없었다. 새로운 카미유는 클로드가 제시한 모든 훈련을 차곡차곡 쌓아가는 일에 마음을 쏟았다. 그 훈련들 중 하나는 그의 메시지가 상기시켜 주듯이 겉으로 보이는 것들을 넘어서는 것이었다.

카미유, 우린 모두 인정받을 기회를 가질 자격이 있어요. 또한 타인의 비판이나 편견, 해석에 대한 방어 자세를 풀어놓을 필요도 있지요. 누군가 당신을 별로 좋아하지 않는 사람이 있나요? 할 수만 있다면, 그가 어떤 사람인지 더 잘 알기 위해 당신이 먼저 그에게 다가가 보라고, 꼭 그렇게 해보라고 말하고 싶군요.

솔직히 말해 나는 프랑크에 대해 더 알고 싶은 마음이 있긴 했다. 하지만 그가 내게 했던 많은 경우들을 생각하면, 그와 거리를 두고 싶은 마음이 훨씬 컸다. 그러나 그를 더 알아가는 것은 나의 약속 노트에 '했다' 표시를 할 수 있는 기회였다.

목요일 아침, 나는 한껏 용기를 내서 그의 책상으로 다가갔다.

"프랑크, 오늘 점심시간에 약속 있어요? 전부터 당신과 같이 식사하고 싶었는데, 지금까지 그럴 기회가 없었네요."

완전히 열린 공간에서 프랑크에게 점심 초대를 하려니 온몸이 살짝 떨렸다. 사무실에 있는 모든 사람들이 우리의 대화를 한 마디도 놓치지 않겠다는 듯 귀를 쫑긋 세우고 있는 게 느껴졌다. 프랑크는 옆 눈으로 사람들을 슬쩍 쳐다보았다. 마치 자기가 뭐라고 대답해야 하는지 알려 달라고 부탁이라도 하는 듯이. 그러나 모두가 약속이라도 한 것처럼 하나같이 각자의 모니터에 코를 박고 있었다.

"아, 좋아요. 안 될 것 없죠, 뭐."

마침내 그가 입을 열었다. 내 제안이 몹시 불안하게 느껴지는 듯했다.

그렇게 해서 우리 두 사람은 한 식당에서 마주보고 앉게 되었다. 그는 타르타르 스테이크를 앞에 놓고, 나는 니스 샐러드를 앞에 놓은 채. 게다가 평소와는 완전히 뒤바뀐 역할을 맡고서!

그는 이 상황이 몹시 불편하고 거북한지 눈에 띌 정도로 다리를 떨었다. 평소의 그는 뻔뻔할 정도로 흔들림 없이 많은 사람들 앞에서 나를 조롱하고 빈정대고 면박을 주곤 했다. 그런 그가 예상치 못한 나의 상냥함에 당황하여 어쩔 줄 모르고 있었다. 가면이 벗겨져 땅에 떨어졌을 때의 모습이라고 할까?

나는 분위기를 바꾸기 위해 매끄러운 기름을 치기 시작했다. 가족에게 보내는 것 같은 따뜻하고 다정한 미소와 그의 영업 능력에 대한 칭찬을 퍼부었다.

"지금까지 당신에게 한 번도 말한 적이 없지만, 난 당신의 영업 능력에 늘 감탄하고 있어요. 당신이 우리 부서에서 실적 1위라는 건 당연한 결과죠!"

그가 나의 칭찬에 얼굴을 붉혔다. 이제껏 한 번도 본 적 없는 모습이었다.

그가 진지한 얼굴로 말했다.

"카미유. 난 그동안 당신에게 단 한 번도 상냥하게 군 적이 없었어요. 그 점을 사과하고 싶군요. 아는지 모르겠지만 그건 이런 이유예요. 대개 사람들은 동료들 앞에서 영리한 체해서 남의 관심을 끌고 싶어 하죠. 그러곤 자기 꾀에 자기가 넘어가는 거예요. 사실 난 당신이 정말 용기 있는 사람이라고 항상 생각하고 있었어요. 아들을 돌보면서 일을 계속한다는 건……. 정말이에요."

이번엔 내 얼굴이 붉어졌다. 우리는 격의 없는 미소로 그동안 우리 사이에 세워놓았던 철벽을 무너뜨렸다. 그 이후의 점심시간은 훨씬 가벼워졌다. 그는 모형항공기 제작에 특별한 열정을 갖고 있었고, 직접 만든 모형항공기를 하늘에 날리는 걸 좋아한다고 했다. 그 이야기를 할 때 그의 눈은 어린아이처럼 반짝였다. 또한 업무에 대해 가끔씩 권태를 느낀다는 것도 고백했다. 자신이 모든 것을 속속들이 알고 있다는 생각 때문이기도 하고, 그런 생각을 바꿀 야심이 부족하기 때문이라고도 했다. 우리는 각자의 가족에 대해서도 이야기하게 되었는데, 그가 지난해에 이혼했으며, 그것 때문에 얼마나 힘들었는지 모른다는 이야기를 듣고 깜짝 놀랐다. 특히 아이들하고 헤어진 것 때문에 많이 괴로워했다.

"미안해요, 난 전혀 몰랐어요."

"직장에선 아무한테도 이야기하지 않았으니까요."

이제 새로운 시각으로 그를 바라보는 것은 나였다. 그때까지 그에 대해 너무 성급한 판단을 내렸던 것이 부끄러웠다. 틀림없이 그의 빈정거리는 유머는 사람들로부터 거리를 두어서 자신의 상처가 드러나

지 않게 하는 방패막이로 사용되었을 것이다. 우리는 타인에게 진심으로 주의를 기울이지 않을 뿐더러, 그들을 더 잘 알기 위한 시간도 내주지 않기에 서로 간에 얼마나 많은 오해가 생기는지도 모른다. 항상 고슴도치처럼 털을 바짝 세우고 있던 그를 아주 살짝 건드려 보았을 뿐인데도, 매력적이고 감수성 풍부한 남자를 발견할 수 있었다.

우리는 실컷 이야기를 나누고 난 뒤에 식당을 나섰다.

"당신과 이야기를 나눠서 좋았어요."

그가 꾸밈없이 말했다.

"네, 내게도 정말 좋은 시간이었어요. 언제 식사 한 번 또 할까요?"

"네, 또 합시다."

그가 활짝 미소를 지어보였다.

그것 역시 내가 처음으로 발견한 것이었다. 프랑크의 꾸밈없는 미소.

제6장

변화에 필요한 시간, 그리고 용기

21

대학교 졸업을 위한 구두시험 때 이래로 내 손이 그렇게 축축해진 적은 없었다. 나는 지난 4개월간의 종합평가를 받기 위해 클로드의 사무실로 찾아갔다. 나비 프로그램을 시작한 지 벌써 4개월이나 되었다니! (나는 이 프로그램을 나비 프로그램이라고 불렀다.) 현재로서 난 아직 번데기 상태이다. 하지만 탈바꿈이 진행 중이었고, 벌써 조금은 다른 사람이 된 기분이 들었다. 최근의 5년보다 이 4개월을 훨씬 더 강렬하고 치열하게 살아온 기분! 난 믿기 힘들 정도로 에너지가 회복되어 가고, 지적인 명철함이 자라고 있음을 느꼈다. 클로드는 이 현상을 아마도 엔도르핀을 비롯한 몇 가지 호르몬이 증가했기 때문이라고 설명할 것이다. 긍정적인 사고와 미소, 자신감 등을 통해서 증가하는 호르몬들이 있기 때문이다. 하지만 나에겐 그저 기적 같았다.

그가 따뜻하게 나를 맞아주었다.

"잘 지냈어요?"

"네, 잘 지냈어요, 클로드. 모든 상황이 목표를 향해 잘 전진하고 있다는 기분이 들어요."

"잘됐군요. 이제 당신이 목표까지 얼마나 갔는지 확인을 해봅시다. 동의하지요?"

"네! 그럼요."

"먼저 구체적인 목표부터 봅시다. **약속 노트**를 가져왔나요?"

"네, 여기 있어요."

나는 약간 불안한 마음으로 작은 스프링 노트 한 권을 내밀었다.

- 하루에 적어도 열 명의 사람들에게 미소를 짓는다 ☑ □
- 몸을 잘 돌본다(외모 포함) ☑ □
- 행동과 태도에 신경 쓴다 ☑ □
- 개성을 돋보이게 할 수 있는 옷차림을 한다 ☑ □

'했다' 표시를 한 항목들을 보고 클로드가 말했다.

"여기까지는 완벽하게 발전했군요. 카미유, 축하해요!"

- 4킬로그램을 뺀다 □ □

이 항목에는 아직 표시를 하지 못했다.

"어디 한 번 봅시다……."

그는 체중계를 가리키면서 날더러 그 위에 올라가라고 했다. 나는 결과가 두려워서 침을 꿀꺽 삼켰다.

"54.8킬로그램. 그러니까 4.2킬로그램을 뺐군요. 브라보, 카미유! 이제 이 항목에도 표시를 할 수 있겠어요!"

이럴 수가! 내가 4킬로그램을 뺐다고? 수년 동안 걸리적거리던 고통을? 속으로 기쁨을 만끽하는 동안 클로드가 계속해서 나의 체크리스트를 검사했다.

- 어디서든 눈에 띄지 않게 체조를 한다 ☑ ☐
- 사랑의 불꽃을 지핀다 ☐ ☐ing

"여기엔 진행 중이라고 표시했군요?"

나는 마른기침을 하고 나서, 그에게 설명했다.

"네. 지금 여러가지 것들을 시도해보고 있는 중이에요. 하지만 세바스티앵은 아직 제 변화에 완전히 적응하지는 못한 것 같아요."

"당연해요. 당신이 보여주는 변화들이 그에게 이상한 인상을 주고 있는 게 틀림없어요. 그러나 상냥한 태도로 끈기 있게 해보세요. 반드시 열매를 얻을 거예요."

"앞으로 그렇게 되겠지요!"

"카미유, 당신이 무척 자랑스럽다는 말을 해야겠어요! 당신은 정말 훌륭한 시간들을 보냈군요."

그는 서랍을 열어서 리본으로 포장한, 이제는 친근해진 예쁜 상자 하나를 내밀었다. 나는 감격스러워하며 상자를 열었고, 이번엔 녹색 연꽃 참이 나를 기다리고 있었다. 나는 그것을 이미 두 개의 연꽃이 달려 있는 체인에 걸었다. 또 하나의 새로운 단계를 넘어선 것이다! 변화의 세 번째 단계를 말해주는 녹색 연꽃. 이렇게 보고 있자니 진지한 생각이 들었다. 나는 클로드에게 조용하고 안정된 미소를 보냈다. 짧은 시간 안에 많은 성장을 이룬 사람의 미소였다. 하지만 나의 속마음은 쌈바 축제의 열기로 가득한 리오처럼 기쁨과 흥분으로 가득했다. 거리로 달려 나가서 지나가는 사람들을 껴안고 축하 인사를 하고, 축구 응원전에서 사용하는 나팔이라도 불고 싶었다! 샴페인 한 병을 사서 단숨에 쭉 들이킬 수 있을 것 같았다.

그런 나를 클로드가 다시 땅으로 데리고 내려왔다.

"당신은 지금까지 꽤 먼 길을 잘 달려왔어요. 하지만 아직 끝은 아니에요! 당신이 원한다면, 다음 목표들에 관해 잠시 얘기해보고 싶군요. 괜찮겠어요?"

나는 고개를 끄덕였다.

1시간 후에 우리는 잘 정리한 미래 계획서를 함께 읽었다.

- 더 많은 평안과 균형을 누리기 위해 계속해서 좋은 훈련들을 배워 나갈 것.
- 세바스티앵의 사랑을 부활시키는 노력을 계속해갈 것.

- 아드리앵과의 관계에서 긴장 상태를 이완시킬 것. 조화로운 관계를 발전시켜 가는 동시에 기준을 확고하게 세울 것.
- 직업에 관해 새로운 계획을 명확하게 세울 것. 어떤 것이 실현 가능성이 있을지 조사하고, 그것들을 실천할 방법들을 찾을 것. 현실화할 것.

막상 목표를 세우고 보니 자신이 없었다. 그래서인지 절로 깊은 한숨이 나왔다. 조금 전까지만 해도 흥분해서 방방 뛰었는데! 클로드는 내가 의기소침해진 것을 눈치챘다.

"카미유, 자신감을 가져요. 이런 말 들어봤어요?

시간과 인내만 있으면 뽕나무 잎은 비단이 되기 마련이다.

계속해서 자신에게 집중하세요. 한 과제 또 한 과제, 한 임무 또 한 임무."

"고마워요, 클로드. 당신이 나를 위해 해준 모든 수고에 진심으로 감사하고 있어요."

그는 따뜻하게 나의 손을 잡았다. 나의 진보로 인해 그가 행복해하는 것이 눈에 보였다. 다른 사람이 자신의 길을 제대로 찾아가도록 인도하고, 확실치도 않은 성공을 믿음으로 기대하며 전진해갈 수 있도록 돕는 일, 그 일에 클로드처럼 의욕적으로 뛰어드는 사람이 과연 몇 명이나 될까? 나는 클로드야말로 참으로 비현실적으로 이상적인, 그래서 감탄할 수밖에 없는 놀라운 안내자라는 생각이 들었다.

22

나는 매일매일 계속해서 클로드의 조언들을 용감하게 적용했다. 이제는 선순환 속으로 들어가기 위한 '좋은 훈련'들을 모두 암기하고 있었다. 하지만 그가 자주 이야기하듯이 중요한 것은 아는 것이 아니라 행하는 것이다!

넉 달째가 끝나갈 무렵이 되자 어느 정도 위험 기간을 지나갔다는 기분이 들었다. 나는 클로드의 방식, 먹고 움직이고 생각하는 등등의 새로운 삶의 방식을 진심으로 높이 평가하게 되었다. 그리고 수많은 동양의 가르침들이 말하고 있는 몸과 마음의 합일을 아주 조금 이해하기 시작했다. 내가 매일 체조를 하고 스트레칭을 하는, 10분이라는 그 짧은 순간은 나와 육체가 온전한 하나가 되었다. 그 말은 이전의 내 육체와 전혀 다른 육체가 되었다는 말이다. 난 비로소 이런 운동의 진가를 알게 되었고, 그 운동이 내 안에서 일으켜주는 감각들을 추구하기에 이르렀다.

나는 거리를 걸을 때, 때때로 내 육체가 하늘과 땅 사이를 연결하는 끈이라 상상하고, 내가 거대한 전체와 연결되어 있다는 생각에 집중하곤 했다. 내가 자연 속에서 길을 잃고 홀로 뚝 떨어져 있는 요소가 아니라고 생각하게 된 것이다. 이제는 그동안 내가 얼마나 나의 감각들과 단절되어 있었는지를 자각하게 되었다. 그래서 지금부터는 현재를 살아가기로 작정했다. 과거를 끊임없이 반추하거나 미래 때문에 염려하고 고통스러워하는 시간은 끝났다. 이 생각이 나를 얼마나 편히 쉬게 해주는지 모른다!

또 한 가지 깨달은 것이 있다. 그것은 나의 육체적, 정신적 건강을 증진시키는 데 있어서 자연이 하는 역할에 대해서였다. 콘크리트와 공해 속에서 자란 나는 자연을 사랑하지 않는다고 믿어왔다. 사실 나는 자연이라고 하면, 아주 드넓게 펼쳐져 있는 풀밭 속에 숨어서 기어 다니는 수백만의 작은 곤충들만 떠올렸다. 잘못된 생각이었다. 자연과 다시 관계를 맺고 나서부터는 생각지도 못했던 위안을 느끼게 되었다. 언제라도 쉽게 접근할 수 있는 자연으로부터 이처럼 경이로운 에너지를 끌어낼 수 있을 것이라고는 한 번도 생각해보지 못했는데!

어느 날 클로드는 내게 일본식 꽃꽂이를 배우면 좋겠다고 말했다. 그 작업은 평안과 휴식을 가져다주고, 자연과 침묵의 대화를 할 수 있게 도와준다고 했다. 그래서 우리는 꽃을 꺾기 위해 손에 전지가위를 들고 밭으로 산책을 나갔다. 나는 그의 지도를 받아가면서 형태와 색깔의 섬세한 균형을 찾아 '식물적인 시정'을 표현하는 재미를 느꼈다.

그동안 나만을 위한 특별한 장소를 만들 시간이 없었던 나는 이제 일본의 도코노마에서 영감을 받아 참선할 자리를 꾸며놓고, 그곳에서 하루에 몇 분씩 사색에 잠기게 되었다.

도코노마란 방 한쪽 구석에 평상처럼 바닥을 높게 만들고, 그 위에 꽃꽂이한 화병이나 수반, 그리고 양초나 조각상, 예술품 등 다양한 장식품을 놓거나 벽에 족자를 걸어 장식한 곳을 말한다.

내가 집에서 발견한 이상적인 공간은 거실 한 모퉁이의 아무도 신

경 쓰지 않는 공간이었다. 나는 바닥에 색이 예쁜 도자기 화병을 놓고 내가 만든 꽃꽂이로 장식했다. 바닥에는 색색의 예쁜 방석 몇 개를 놓아두어서 사색을 하거나 포근한 휴식을 누릴 수 있게 했다. 그리고 벽에는 서로 다른 크기로 디자인 된 정육면체 모양의 칸막이 선반 세 개를 고정시키고, 각 칸막이 안에다 영감을 주거나 힘을 주는 상징적인 물건들을 넣어두었다.

첫 번째 칸에는 웃고 있는 부처상과 가족사진이 든 액자 하나를 올려놓았다. 두 번째 칸에는 아름다운 양초와 내가 좋아하는 책 세 권을, 세 번째 칸에는 행복을 가져다주는 신으로 알려진 힌두교 시바신상과 예쁜 카드 한 장을 놓았다. 카드에는 이렇게 쓰여 있었다.

당신이 좋아하는 일을 하라, 그것이 자유다.
당신이 하고 있는 일을 사랑하라, 그것이 행복이다.

이렇게 해서 나는 스트레스를 받고 있다고 느낄 때마다 잠깐이라도 이 장소에 와서, 평안을 느낄 때까지 양초의 불꽃에 시선을 고정시키며 마음의 안식을 구했다.

이렇게 바뀐 삶의 철학은 나의 내면을 살찌게 해주었다. 한 주, 한 주가 지나갈수록 점점 불안이 사라지면서 차분하게 안정되어 갔다. 그러는 동안 예전의 나는 내가 불만족하는 부분에 생각을 집중하려는 경향이 있었음을 깨닫게 되었다. 그것이 만성적인 우울 상태를 유지하기 위한 지름길이라는 것도!

클로드는 이 우울 상태에서 벗어날 수 있는 해독제를 내게 주었는데, 그것은 매일매일 아주 짧게라도 **감사하는 순간**을 갖는 것이었다. 그래서 나는 매일 아침마다 감사하는 마음을 갖고 자리에서 일어나고, 마찬가지로 밤에도 그렇게 하면서 잠자리에 들었다. 건강한 아들이 있는 것에 감사, 쉴 집이 있는 것에 감사, 내 옆에 나를 사랑하고 도와줄 수 있는 동료가 있는 것에 감사. 심지어 아주 사소한 것들에까지도 감사하는 습관을 들였다. 이른 아침에 마시는 김이 모락모락 나는 한 잔의 커피, 가족들과 함께 나눠먹는 사과 파이, 호숫가에서 바라보는 햇빛…….

또한 날마다 내 주변의 사람들을 돌보듯이 사물들도 돌봐야겠다는 생각을 갖게 되었다. 나무 한 그루, 동물 한 마리를 돌보고, 나 자신을 돌보고, 사랑하는 자들을 돌보고, 뿐만 아니라 길에서 마주친 사람이라도 도움이 필요한 사람이라면 돌봐주었다.

언젠가 클로드가 이런 말을 했다.

사람은 자신이 베푼 수준만큼만 사는 법이다.

그는 내게 달라이 라마의 사상이 담긴 책 한 권을 보내주었다. 책에는 그가 형광펜으로 정성스럽게 줄을 쳐 둔 구절들이 있었다.

그중에 특히 눈길을 끄는 글이 있었다.

우리는 이타심, 사랑, 친절 그리고 연민을 발전시킬 때 증오와 욕망 혹은 교만을 줄일 수 있다.

이런 가치관들이 내 안에 메아리쳐 울렸다. 게으름과 무관심으로 인해 내가 최근 몇 년 동안 소홀히 했던 것들이다. 그 미덕들을 갖출 수 있는 비결은 절대로 실천을 중단하지 않는 것이다. 그리고 매일 그것들에 대해 생각하는 것이다. 그러지 않으면, 우리는 어쩔 수 없이 빠른 속도로 본성으로 돌아가기 때문이다.

나는 이 문장도 마음에 들었다.

어떤 자들은 연못 밑바닥의 진흙을 바라보고, 어떤 이들은 수면 위에 나와 있는 연꽃을 응시한다. 그것은 각자의 선택이다.

양쪽 모두 인생에 대한 시각을 보여주는 멋진 문구였다. 나는 행복을 구축하는 것이 어떤 것인지를 차츰 깨달아 갔다. 그것은 사랑의 관계 속으로 들어가는 것이다. 그것이 가족이든, 일터든 상관없다!

우리가 하는 일 안에서 선하게 존재하는 것, 그리고 다른 이들에게 선하게 행하는 것, 이것이 바로 성숙의 열쇠가 아닐까?

자신은 아무짝에도 쓸모없다며 반박하는 사람도 있을 수 있다. 하지만 이제 나는 그렇게 생각하는 사람들의 정신 속에는 너무도 많은 독소들이 배어있다는 신념을 갖게 되었다. 모든 사람은 자신만의 장점들을 갖고 있다. 그 장점들을 찾아내서 성장하게 하는 것으로 충분하다. 그렇게 해서 최고의 그를 만들어내는 본질 자체를 얻게 되는 것이다.

그런 생각을 하고 있을 때, 클로드로부터 메시지 한 통을 받았다. 내 생각을 그대로 반영하는 메시지였다.

카미유, 잘 있었나요? 다가올 3주의 프로그램은 긍정적 사고와 자기암시, 명상입니다. 정신을 새롭게 프로그램하는 매일의 훈련을 계속해나가기 위해 앞으로 할 일이 많아질 겁니다! 쉽지 않을 거예요. 하지만 그것은 큰 목표를 위한 거예요. 안 그래요?

내가 물었다.

왜 3주인가요?

그가 곧 답장을 보냈다.

3주는 변화가 완전히 자리를 잡고 하나의 습관이 되기 위해 꼭 필요한 최소한의 시간이기 때문이에요.

23

클로드가 우편으로 작은 꾸러미를 하나 보내왔다. 나는 몹시 들뜬 마음으로 노끈을 풀어 포장지를 뜯고, 안에 있는 물건을 꺼냈다. 투명한 유리로 만든 아주 예쁜 일종의 과자그릇이었다. 그것을 본 순간 의아한 생각이 들었다. 안에는 돌돌 말린 작은 종이 두루마리 하나가 들어 있었다. 뚜껑을 열고 두루마리를 꺼냈다.

카미유,

이건 당신의 생각 상자예요. 부정적인 생각을 했을 때마다 돈을 넣는 저금통이지요. 원칙이 뭐냐고요? 부정적인 생각 혹은 말을 할 때마다 그 안에 1유로씩 넣으세요. 당신이 이 저축 덕분에 부자가 되는 일은 없기를 바랍니다.

다시 반복하지만, 이 말은 아무리 강조해도 지나치지 않을 거예요.

궁정적인 생각이 당신의 육체와 정신 구조에 진정한 영향을 미친다!

매우 심오한 연구들이 그것을 증명하고 있답니다. 예를 하나 들까요. 과학자들이 어떤 실험을 진행했어요. 먼저 투명한 디저트 그릇 두 개에다 같은 양의 흙을 채웠어요. 그리고 각 용기 안에 잔디 씨앗을 스물세 개씩 심고, 같은 양의 비료를 넣은 다음 두 용기를 나란히 놓아두었죠. 씨앗에서 싹이 자라는 동안 온도나 하루에 받는 햇빛의 양을 똑같이 하기 위해서요.

유일하게 다른 한 가지가 있다면, 하루에 세 번 연구자들이 차례로 돌아가면서 용기 앞에 앉아 하는 말의 내용이었어요.

첫 번째 용기 앞에서는 아주 부정적이고 공격적인 말을 했지요. "여기서는 아무것도 자라지 않고, 아무 일도 일어나지 않을 거야. 여기선 절대로 잔디를 볼 수 없어. 난 절대로 이 흙이 비옥할 거라고 생각하지 않아. 행여 운이 좋아서 싹이 난다고 해도, 곧 말라서 죽어버릴 게 분명해."

두 번째 용기 앞에서는 신뢰하는 태도를 보여주며 듣기 좋은 말을 했어요. 싹이 나고 자라서 파란 잔디를 볼 수 있다는 가능성에 대해서만 이야기한 거죠. "빨리 잔디가 자라는 것을 보고 싶어. 이 잔디는 정말 굉장할 거야! 날씨도 좋고 온도도 완벽해서, 씨앗들이 잘 자라도록 도와줄 거야. 내겐 식물을 잘 자라게 하는 재주가 있어. 그래서 내가 심은 잔디는 언제나 무성하게 잘 자라지."

그리고 3주 후에 두 용기의 사진이 그 유명한 〈타임〉지에 실렸지요. 부정적인 말에 노출되었던 첫 번째 용기에서는 두세 개의 작은 싹밖에 나지 않았지만, 긍정적인 말을 듣고 자란 두 번째 용기의 잔디는 뿌리

를 깊이 내린 채 푸르고 싱싱하고 무성하게 자라 용기를 꽉 채웠어요. 카미유, 내 말이 무슨 뜻인지 잘 이해했을 거예요. 우리가 하는 말에는 진동이 있어요. 우리의 태도에도 진동이 있고요. 우리의 말과 태도가 그 작은 씨앗에게 그토록 영향을 미쳤다면, 인간에게는 얼마나 더 큰 영향을 미칠 수 있을지 상상해보세요! 겉으로 표현되는 말만큼이나 내적인 대화에도 주의를 기울여야 하는 까닭이 여기 있는 거지요. 그러니 오늘부터 당장 시작해야 하지 않을까요?

곧 다시 만나기를 기대하며, 클로드

나는 이 실험과 증거에서 깊은 인상을 받았다. 그래서 나도 변화를 시도할 마음의 준비를 갖추었다. 하지만 오랫동안 긍정적이기보다는 부정적인 방식으로 보고 표현하는 데 익숙했던 내게는 결코 쉽지 않은 일임을 곧 간파했다. 이런 내게 클로드가 미리 알려준 것이 있었다. 역도 선수가 매일매일 훈련을 해야 하는 것처럼 정신을 새롭게 변화시키는 것도 끈질김과 노력을 요구한다는 것이다. 항상 주의해야 하는 것도 물론이다. 왜냐하면 우리의 정신은 잠깐이라도 방어 자세를 푸는 즉시 오래된 옛 습관을 되찾으려고 하기 때문이다! 그래서 나는 경계심을 두 배로 늘리기로 나 자신과 약속했다. 그리고 나의 **생각 상자**를 거실 테이블 위, 가장 잘 보이는 곳에 놓았다. 우리 집 남자들에게도 참여하라고 제안하면 재미있겠다는 생각이 들었다.

아드리앵은 나의 제안을 기쁘게 받아들였다.

다음 날 아침, 충분한 잠을 자지 못하고 일어난 세바스티앵이 부루퉁한 얼굴로 창가로 가면서 말했다.

"아, 안 돼! 망할 놈의 날씨, 아침부터 맥 빠지게 만드는군."

내가 끼어들 필요도 없었다. 아드리앵이 대신 나섰기 때문이다.

"아빠! 1유로!"

아이는 아빠가 부정적인 말을 내뱉은 명백한 범법 현장을 포착했다는 것에 신이 나서 외쳤다.

세바스티앵은 투덜대다가 뚝 멈췄다. 더 투덜댔다간 더 많은 돈을 생각 상자에 넣어야 할 판이었기 때문이다.

"안 돼! 좋아, 멈출게. 파산하고 싶진 않으니까."

그러고는 긍정적 태도의 경찰관에게 다정하게 입을 맞추었다.

내 경우를 말하자면, 나는 매일 **긍정적인 생각**과 **긍정적인 자기 암시**를 실행하기 위해 많이 노력했다. 표현 방식 바꾸기. 부정적인 방식이 아닌 긍정적인 방식으로 전달하기. 수동적이 아니라 적극적인 형태 사용하기. 그야말로 진정으로 뇌의 유연성을 위한 체조였다!

나는 클로드가 메일로 보내준 짧은 이야기를 출력하여 자주 읽었다. 그것은 삶을 배우기 위해 현자를 찾으러 간 남자의 이야기였다.

"스승님, 말씀해주십시오. 선생님의 정신 속에는 무엇이 있습니까?"

"내 정신 속에는 개 두 마리가 있다네. 검은 개와 흰 개. 검은 것은 증오와 분노, 비관주의의 개이고, 흰 것은 사랑과 관용과 낙천주의의 개일세. 그 두 마리가 내 안에서 항상 싸우고 있지."

제자가 놀라서 되물었다.

"두 마리의 개라고요? 그 개들이 서로 싸운다고요?"

"그렇다네. 거의 매일 싸운다네."

"어떤 개가 이기나요?"

"내가 먹이를 더 많이 주는 녀석이 이기지."

몇 년 전부터 나는 검은 개에게 너무 많은 먹이를 준 것이 분명했다! 이제는 바꿀 때였다.

그리고 클로드는 이미 길어진, 내가 따라야 할 것들의 목록에다 또 하나의 원리를 추가했다. 아우구스투스 황제가 좋아하던 격언이라고 했다. 급할수록 돌아가라.

제7장

사랑은 실전

24

클로드의 가르침을 받으면서 나는 매일매일 자신에게 더 충실한 사람이 되려고 노력했다. 의식하면서 양치질을 하거나 음식물을 씹는 것도 매우 흥미로운 새로운 경험이었는데, 그런 습관은 감각의 강도를 현저히 증가시켜 주었다. 나는 이제 '생각과 현실이 따로 논다'는 말을 더 잘 이해할 수 있게 되었다. 사실 우리는 자신 안에 부재하면서도 살아갈 수 있다. 그런 태도는 몸은 이곳에 있어도, 나의 본질은 '지금, 여기'에 존재하지 않는 애석한 결과를 가져온다. 지금 하고 있는 일, 지금 마주하고 있는 사람에 집중하지 않고 과거에 매이거나 미래에 대한 생각으로 현재를 소홀히 하는 것이다.

전날 클로드는 내가 좋아하는 형식의 문자를 보내왔다.

오늘은 선물입니다. 그래서 현재present를 선물present이라고 부르는 거예요.

그런데 내가 발전하면 할수록, 주위 사람들이 지금의 나에겐 나쁜 습관처럼 보이는 방식으로 계속 살아가고 있는 것을 보는 일이 점점 더 힘들어졌다.

그러던 어느 날 밤, 드디어 터지고 말았다.

"그만, 세바스티앵! 식탁에서 노트북을 켜는 건 그만해. 이젠 정말 참을 수가 없어! 당신의 몸은 여기 있어도, 실제의 당신은 여기 있지 않잖아. 껍질뿐인 당신과 함께 있는 건 지금까지로도 충분해."

"무슨 소리야, 난 지금 여기 있다고. 미안해, 그냥 회사 일 때문에 급한 답장을 기다리고 있는 것뿐이야. 너무 신경질내지 마."

"지금 당신 옆에 누가 앉아 있는 줄은 알아? 기껏해야 지금 입에 들어가는 게 뭔지나 구분하고 있겠지."

"그렇지 않아! 대체 누가 당신 머릿속에 그런 말도 안 되는 생각을 넣어준 거야? 당신의 스승이라는 그 작자야?"

'평온하게 호흡하자. 이 상황에 말려들지 말자. 화 내지 말아야 해……. 친절하게, 상냥하게.'

"맞아. 난 모든 걸 충만하게 의식하면서 사는 훈련을 하고 있는 중이야. 그리고 그런 훈련이 내 삶을 바꾸고 있지."

"그래? 어디 어떻게 변하는지 한번 보자고."

그가 조롱하는 말투로 말했다.

"좋아. 지켜봐줘. 그렇잖아도 당신에게 아주 흥미로운 경험을 제안하려던 참이었거든."

"그래? 그게 뭔데?"

"곧 알게 될 거야."

더는 아무 말 하지 않았다. 난 그가 아주 깜짝 놀라게 되길 바랐다.

나는 클로드의 방식을 응용하기 위해 남편을 위한 특별한 장소를 찾아냈다. 구체적이고 경험적인 방식을 통해서 충만한 의식과 그것에서 끌어낼 수 있는 이점이 무엇인지를 이해시켜줄 수 있는 장소를. 그런 내 자신이 무척 자랑스러웠다. 그리고 나의 깜짝 이벤트 효과를 예상하며 즐거워졌다.

바로 그날, 세바스티앵은 내가 데리고 간 장소가 어떤 곳인지 알고 몹시 불안해했다.

"이게 아주 흥미로운 경험이야?"

그는 부루퉁한 표정으로 투덜거렸다. 어찌나 못 미더워하는 표정이었는지, 난 갑자기 풀이 죽어버렸다.

둘이 머리를 맞대고 알콩달콩 소곤거리는 작은 축제가 되어야 할 밤인데. 시작도 하기 전에 실패하는 건 아닐까?

안 돼! 그럴 수 없어!

나는 우리 두 사람의 사기를 높이는 데 열중했다.

"자, 세바스티앵! 나를 믿어. 정말 멋질 거야! 정말 많이 웃게 될 거라니까!"

그러나 세바스티앵뿐만 아니라 나 자신도 그렇게 될 거라는 확신이 서지 않았다. 대기실에서 우리를 담당할 웨이터가 나오길 기다리는 내내, 세바스티앵은 객실을 가리고 있는 두꺼운 커튼을 꿰뚫어보려고 애쓰고 있었다. 과연 그곳이 우리에게 기쁨을 줄 수 있을지 못내 못미더운 표정이었다.

드디어 우리를 안내해줄 웨이터 뱅상이 나타났다. 그는 나를 세바스티앵 뒤에 세우더니 내 손을 세바스티앵의 어깨 위에 얹게 했다. 그러고는 세바스티앵의 손을 잡고 두꺼운 커튼 너머로 우리를 데리고 들어갔다.

그렇게 해서 우리는 완전히 암흑 상태인 공간으로 들어갔다. 내가 완전히 암흑 상태라고 말했지만, 사실 '완전히'라는 표현도 너무 약하다. 빛이나 밝음이라고는 단 한 순간도 느낄 수 없는 영원한 어둠 같았다. 나는 당황스러워서 어쩔 줄 모르는 세바스티앵의 등에서 약한 떨림을 느끼고 킥킥대며 웃었다.

우리는 더듬거리며 의자 등받이를 찾은 후에 암흑 속에서의 식사를 위해 자리에 앉았다. 고백하건대, 처음에는 나 역시 썩 편하지 않았다. 절대적인 어둠에 싸여서, 유일한 공간 지표라고는 주위에서 들리는 소리뿐인 곳에서 어떤 불안이 느껴졌다. 과연 모든 이미지를 빼앗긴 채, 어둠 속을 표류하는 뗏목 같은 이 식탁에 매달려서 2시간을 견뎌낼 수 있을까?

이곳의 색다르고 부자연스럽고 어색한 상황 때문에 우리 두 사람은 모두 당황하여 일관성 없는 말들로 공란을 채우기 시작했다. 하지만 다른 손님들의 생기 있는 대화와 웃음소리를 들으면서 나는 이 불편함이 오래 지속되진 않을 거라는 믿음을 가졌다.

다행히도 첫 번째 요리가 도착하여 우리의 긴장을 풀어주었다. 우리의 웨이터 뱅상이 기가 막히게 훌륭한 앙트레 요리를 내주었다. 우리는 한 번도 경험해보지 못한 세계에서, 우리의 눈이 된 손가락과 혀로 음식을 맛보았다. 참으로 입이라는 미각의 장소를 재발견한 순간이었다. 평소에는 보잘것없는 초가집 같았던 그곳이 여기서는 수많은 작은 돌기들로 이뤄진 궁전이자, 미지의 맛을 감추고 있는 성전이 되어 있었다. 시각을 빼앗기고 나자, 다른 감각 기관들의 능력이 열 배로 증가된 것 같았다.

"어때? 먹고 있다는 걸 의식하면서 맛보는 게 어떤 건지 느껴져?"

"당신이 이겼어."

"내가 당신을 위해 정말 환상적인 이벤트를 준비했다는 걸 인정하는 거야?"

"그래, 인정할게. 인정해. 이건 정말 환상적인 이벤트야."

우리의 목소리, 우리의 말 역시 색다른 울림을 갖고 있었다. 얼굴 표정과 몸짓, 손짓을 볼 수 없어도, 상대의 호흡의 떨림과 억양이 더 많은 의미를 전달해주었다.

식사는 계속해서 또 다른 미각의 탐험으로 이어졌고, 중간 중간에 포도주 시음도 있었다. 향기가 입 안에서 확 퍼지며 미묘한 맛을 느낄 수 있었다. 시각을 제외한 다른 감각들이 그동안 감춰져 있던 재능을 한껏 드러냈다.

시간이 흘러갈수록 나는 세바스티앵이 이 순간에 매료되었음을 분명히 느낄 수 있었다. 그는 자기가 느낀 것을 감동적으로 이야기했고, 음식과 포도주의 미묘한 맛을 정확하게 표현하려고 애쓰는가 하면, 소스에 어떤 향료와 양념을 넣었는지 알아맞히는 재미에 푹 빠져들었다. 이처럼 감각을 의식하는 것은 나의 기대 이상으로 그에게 감동을 주었다.

"정말 멋진 시간이었어, 고마워, 여보. 그런데 당신 괜찮겠어? 이 경험 덕분에 더 흥미롭고 충만한 다른 감각을 당신과 함께 나누고 싶다는 욕망이 내 안에서 슬슬 일어나고 있는데 말이야."

내 손을 잡는다면서 빵을 잡기도 하고, 포도주 잔을 쏟기도 하던 그가 드디어 내 손을 잡고 끈적거리는 목소리로 말했다.

나는 웃었다.

그가 무엇을 말하고 있으며, 무엇을 원하고 있는지 아주 잘 이해할 수 있었다. 그리고 나 또한 그의 욕망이 조금도 싫지 않았다.

25

나는 나의 진보에 만족하고 있었다. 또한 내가 옳은 방향으로 가고 있다는 것을 느낄 수 있어서 행복했다. 그렇다고 때로 고통스러운 흥분 상태를 겪지 않는 것은 아니었다. 그것은 내 잠을 시끄럽게 만들고, 내 평온마저 깨뜨리는 이상한 열기 같은 거였다. 달리 말하면 나는 스트레스를 받고 있었다! 변화의 흥분이 내 정신을 뜨겁게 끓어오르게 했기 때문이다. 과열된 나의 신경들은 조금만 건드리면 금방이라도 폭발할 기세였다. 그러니 내향성 폭발을 일으키지 않으려면 밸브를 좀 풀어야만 했다. 이처럼 높은 긴장 상태를 지속되게 할 순 없었다. 그래서 그 문제를 상의하기 위해 클로드를 찾았다.

그는 내 이야기를 듣더니, 명상이 심장에 끼치는 혜택을 경험할 수 있는 절호의 기회라고 말했다. 아니, 이건 또 무슨 뜬금없는 UFO 같은 소리란 말인가…….

"아무것도 하지 말고 꼼짝 말고 앉아 있으라고요? 아, 난 그런 건 딱 질색이에요! 그러고 있으면 내가 얼마나 무가치한 사람처럼 느껴지는 줄 아세요? 시간을 몽땅 허비하는 기분이에요. 안 돼요, 꽃꽂이나 사색 정도로 충분해요. 난 명상 같은 건 절대로 안 맞는 체질이라고요."

"카미유, 말은 그렇게 해도 당신 역시 다른 사람들처럼 명상을 즐기게 될 거예요. 몇 주 전만 해도, 당신이 하루에 10분씩 체조를 한다는 건 도저히 불가능할 것 같았잖아요. 식습관이 달라진 것도 그렇고."

"그 말은 맞지만, 그래도 이건 달라요. 참선 같은 건 내 기질과 전혀 맞질 않는다니까요!"

"아무도 당신에게 기질을 바꾸라고 하지 않아요. 그저 당신의 남은 일생이 조금 더 평온하고 행복하도록 좋은 습관 몇 가지를 만들자는 것뿐이에요."

"명상이라……. 그걸 할 수 있는 사람들에겐 아주 훌륭한 습관일 거예요. 명상에 대해선 반대 안 해요. 하지만 난 잠시도 가만히 있지 않고 쉴 새 없이 움직이는 타입이에요. 언제나 그래왔다고요.!"

"언제나! 결코! 절대로! 이제 그런 절대적인 표현은 그만 쓰는 게 어때요? 예, 아니오로만 대답하세요. 당신은 자신에게 시도할 기회를 주길 원합니까? 아닙니까?"

나는 한바탕 난리를 피운 것을 약간 부끄러워하면서 예라고 대답했다.

"걱정 말아요, 카미유. 당신은 잘하게 될 거예요. 그건 그저 몸에 배면 좋은 습관들 중 하나일 뿐이에요. 일단 알고 나면, 당신은 명상을 하지 않고는 지낼 수 없게 될 거예요. 신뢰할 수 있는 몇몇 논문들에 의해 증명된 사실이 하나 있어요. 승려들과 명상 수행자들이 최선의 건강 상태와 최상의 면역 체계를 갖고 있다는 거예요. 명상이란 해볼 만한 가치가 있는 거예요, 안 그래요?"

"그렇겠죠. 하지만 지금으로선 실행에 옮기기 너무 어려울 것 같은데……."

"질문 하나 할게요. 당신은 이런 긴장감 속에서 스트레스를 느끼는 게 유쾌하다고 생각하나요?"

"아뇨, 절대 아니죠."

"명상은 생각보다 훨씬 마음에 들 거예요. 당신은 지금 평온과 자기 성찰을 영순위로 둔 삶의 방식에 집중하고 있으니까요."

나는 그가 어떻게든 나에게 이 새로운 방식을 소개할 것임을 알았다. 그에게 양보하기로 했다.

"후, 알았어요. 노력해볼게요."

"난 당신의 능력을 믿어요."

그가 마음 좋아 보이는 미소를 보이면서 내게 말했다.

"당신도 해보면 알겠지만, 그렇게 어려운 게 아니에요. 그저 고요한 곳에 앉아 침묵하면서 자신 안에서 일어나는 것을 바라보는 것뿐이에요. 하루에 두세 번씩 깊은 호흡을 하는 것부터 시작하세요. 1분에 6회 호흡하는 것을 5분 동안 지속하는 거예요. 느린 호흡이죠. 이 리듬을 따라가면 생리 기능이 진정돼요. 이 호흡은 어디서나 할 수 있어요. 이동 중인 전철 안에서도 가능하죠."

"글쎄요, 그건 두고 봐야죠."

"아주 흥미로운 또 다른 훈련이 있는데, 내가 **조화 이루기**라고 부르는 훈련이에요. 심장 박동 수를 느린 리듬에 맞추는 원리와 긍정적 시각화의 원리를 혼합한 거죠."

"점점 복잡하고 어려워지는 것 같은데요?"

"전혀 그렇지 않아요. 기본 원리는 똑같거든요. 먼저 하루 중 적절한 시간에 아무에게도 방해받지 않을 수 있는 방에 혼자 들어가서 당신만을 위한 고요함에 젖는 거예요. 등을 곧게 펴고 편안히 앉아서 평화롭게 깊은 호흡을 하세요. 그런 다음 한 손을 심장에 갖다 대고, 숨을 들이마실 때마다 심장이 부풀어 오르고, 숨을 내쉴 때마다 심장이 비워지는 것을 마치 눈으로 보고 있는 것처럼 시각화시키세요. 당신 안에 고요함이 자리 잡으면, 그때 긍정적인 시각화를 더 발전시키는 거예요. 당신의 마음을 따뜻하게 하는 추억을 시각화하는 거죠. 그리고 그때의 감정과 감각을 강렬하게 되살려 보세요. 어때요, 어렵지 않죠?"

"아무런 이미지도 떠오르지 않으면 어떻게 해요?"

"처음에는 조금 어려울 수 있어요. 그건 나도 인정해요. 하지만 긍정적 이미지와 기억들을 모아 둔 **마음속 카탈로그**를 하나하나씩 만들어가다 보면 그리 어려운 것도 아니에요. 말하자면 머릿속에 사진첩을 만드는 거죠. 그 일을 열심히 하면 할수록 사진첩엔 점점 더 많은 긍정적인 이미지와 추억의 사진들이 채워질 거예요. 그러면 당신도 그만큼 더 쉽게 이미지들을 끌어낼 수 있겠지요."

"오, 그거 괜찮은 생각이네요."

"하지만 지금 단계에서 당신에게 가장 필요한 건 이 분야의 대가인 진짜 위대한 스승을 만나는 거예요."

"……?"

"우 선생이라고 하는 분인데, 그분을 만나게 해드릴게요. 그분을 한 번 만나고 나면 모든 게 훨씬 더 명확해질 거예요."

그는 나를 자신의 차에 태우더니 직접 운전했다. 나는 명상의 대가를 빨리 보고 싶어서 안달이 났다! 허허 벌판의 풍경이 눈앞에서 계속 펼쳐지는 동안, 나는 호흡을 느리게 조절하면서 긍정적 시각화를 조심스럽게 시도해보았다.

클로드의 시선이 느껴졌다.

"왜요?"

"아니, 아무것도 아니에요. 아주 잘하고 있다는 말을 해주고 싶었어요. 계속하세요, 나는 신경 쓰지 말고."

그가 놀리는 듯한 미소를 슬쩍 띠며 말했다.

45분 정도 달린 후, 잘 빠진 재규어가 자갈밭 위에서 타닥타닥 소리를 내며 멈춰 섰다. 우리는 차에서 내려 뜰 안으로 들어섰다. 개들이 짖어대며 우리를 맞이하러 달려들었다. 어느 새 나타난 여주인이 개들에게 조용히 하라고 명령을 내렸다. 개들은 주인의 손과 눈길에 즉시 순종했다. 틀림없이 그녀는 그저 목소리 톤을 높이거나 혀를 한 번 차는 것만으로도 개들이 우리의 장딴지를 물거나 손을 핥게 만들 수 있는 사람일 것이다. 그런 자연스러운 자신감이 내겐 무척 인상적이었다. 그녀의 미소가 우리를 두 팔 벌려 환영해주었다.

"어서 와요, 클로드. 반가워요. 잘 지내죠?"

"아주 잘 지냅니다. 자클린, 당신은 어때요? 환영해줘서 고마워요. 카미유를 소개하지요. 내가 전에 말했던……."

나는 자클린에게서 통통한 볼살과 귀염성 있는 얼굴, 너그러워 보이는 인상, 활달한 기질을 발견했다. 하지만 사실 나는 그런 모습을 기대하지 않았었다. 뭔가 좀 더…… 동양적인 모습을 상상했다.

"만나게 되어서 기뻐요, 카미유. 우 선생을 만나고 싶어서 오신 거죠?"

그녀가 장난기 가득한 눈빛으로 나를 보며 물었다.

"아, 네."

"그래요. 그를 만나고 싶어 하는 사람들이 많지요. 자, 나를 따라 오세요."

우리는 구식 벽난로와 눈에 띄게 만든 들보로 인해 예쁘면서도 클래식한 느낌을 주는 커다란 거실을 가로질렀다. 거실은 넓은 유리창을 통해 들어온 부드러운 겨울 햇빛 속에 잠겨 있었다.

"거실이 아주 멋지네요. 마음에 쏙 들어요."

"고마워요."

자클린은 내가 한 칭찬에 몹시 기뻐하면서 미소를 띠고 대답했다.

"우 선생은 지금 뜰에 있어요. 그럼 두 분은 우 선생을 만나고 오세요. 나는 부엌에 가 있을 테니까."

클로드는 나를 먼저 뜰 안으로 들어가게 했다. 나는 우선생을 만나기도 전에 미리 따뜻한 미소를 지으며 안뜰로 들어섰다. 그러다 내 미소가 차츰 희미해졌다. 뜰 안을 아무리 살펴도 아무도 보이지 않았기 때문이다. 잠깐 자리를 비우신 건가?

실망한 나의 표정을 보며 클로드가 말했다.

"저기 있네요."

하지만 내 눈에는 여전히 아무도 보이지 않았다.

"저기요, 카미유!"

클로드가 손으로 한 곳을 가리켰다. 내 눈이 그의 손가락이 가리키는 곳을 따라갔다. 그곳엔 세상 편한 자세의 고양이 한 마리가 햇빛을 만끽하며 꾸벅꾸벅 졸고 있었다. 고양이는 고상한 우아함과 절대적인 평화가 뒤섞인 분위기를 흘려보내고 있었다. 나는 깜짝 놀라 잠시 멍해졌다. 그러고는 정신을 차린 뒤에 유쾌한 얼굴을 하고 있는 장난기 많은 남자에게로 몸을 돌렸다. 아니, 고양이 한 마리를 보기 위해서 45분이나 차로 달려왔다고?

"세상에! 세상에!"

내가 질책하는 무거운 목소리로 말했다.

클로드의 얼굴에는 만족감과 미안함이 뒤섞인 표정이 나타났다.

"잠시 장난한 것을 용서해요, 카미유. 하지만 완전한 휴식이 어떤 건가를 보여주려면, 우 선생만큼 좋은 본보기가 없다고 생각했거든요. 당신은 명상을 할 줄 모른다고 생각하는데, 우선 하루에 몇 분씩 **고양이가 되는 법**을 배우는 것부터 시작하세요. 평화롭고 조용하게 현재라는 순간에 닻을 내리는 법, 그것에 관한 한 저 고양이를 따라갈 존재가 없으니까요."

난 클로드에게 몹시 화가 났음을 알리는 눈길을 던졌고, 그 눈길은 그를 부엌에 있는 자클린 옆으로 도망가서 숨게 만들었다.

우 선생과 단 둘이 남게 된 나는 잠시 동안 고양이를 지켜보았다. 그러면서 내가 그 기분 좋은 평온함에 흡수되어 가는 것을 느끼곤 깜짝 놀랐다. 고양이는 우아한 꼬리를 살짝살짝 움직이며 눈에 보이지 않는 시를 천천히 쓰고 있었다. 카르페 디엠의 찬가를! 고양이는 내가 그 따뜻한 털을 오랫동안 쓰다듬어도 전혀 불만을 표시하지 않았다.

클로드가 나를 이리로 데리고 온 것을 더는 원망할 수 없었다. 얼마 후에 나는 평온한 마음으로 부엌에 있는 자클린과 그를 만났다. 그들은 민트 차를 음미하면서 다정하게 수다를 떨고 있었다. 자클린은 자기 집 정원에서 키운 민트로 만든 차라며 내게도 한 잔 권했다. 클로드는 내 얼굴을 살피고는 만족스러운 표정을 지었다.

그날 오후는 자두 파이와 함께 식도락에 관한 이야기로 끝을 맺었다. 그곳까지 간 것을 조금도 후회하지 않게 만드는 기가 막힌 파이였다.

26

우 선생과의 만남 이후에 나는 가능한 자주 고양이와 시간을 보냈다.

이런 변화들은 내가 더 큰 과제, 다시 말해 나의 인생 계획을 세우는 일에 더 신경 쓸 수 있게 도와주었다. 시간과 에너지 부족에 대한 초조함으로부터 나를 해방시켜 주었다. 나는 더는 영업직을 계속하고 싶지 않았다. 어렸을 때부터 간직했던 나의 꿈을 되살리기로 이미 결심했기 때문이다. 아동복 사업, 즉 아동복 디자인과 제작이라는 나의 꿈.

클로드가 말했던 것처럼, 이제는 내 평생의 **업**(業)과 나의 개성, 그리고 내 안에 깊이 감춰져 있던 나의 가치들을 일치시킬 때가 온 것이다.

나는 사전 조사와 연구에 뛰어들었다. 내가 정말 원하는 것은 프랜차이즈 가맹점을 운영하는 것이 아니라, 나의 고유한 디자인 철학과 사업개념이 들어 있는 나 자신의 상표를 만드는 것이었다. 그러나 내가 속히 인정해야 할 명백한 사실 하나가 있었으니, 그것은 아동을 위한 기성복 시장이 이미 포화 상태인 데다, 판로 또한 매우 좁다는 것이다.

결정적인 또 다른 사실이 있었다. 경제 위기로 인해, 대부분의 사람들이 아기 옷을 구입하는 데 별로 돈을 쓰려고 하지 않는다는 것이다. 본래 아기 옷은 한 달만 지나도 벌써 작은 옷이 되어버리니까.

그러니 유망한 판매 시장을 어디서 찾을 수 있을까?

나는 인터넷 검색을 통해 아이디어를 찾다가 독특한 방식으로 의류를 대여해주는 네덜란드의 한 회사를 발견했다. 지난해에 유행했던 바지를 마치 자동차나 아파트를 임대하듯이 빌려주는 것이다. 고객은 월 회비 5유로로 지난해 유행했던 의류를 입을 수 있고, 임대 기간이 끝나고 나면 빌렸던 옷을 사거나 되돌려줄 수도 있었다.

나의 뇌가 빠르게 회전하기 시작했다. 이 원리를 유아용 의류에 적용해서 안 될 이유가 있을까? 0~3세 유아들의 건강과 환경 보호를 생각한 친환경 의류에다 내가 직접 옷마다 독특함을 주는 재료와 문양을 덧붙여서 새로운 가치를 입힌다면? 바디슈트, 티셔츠, 바지 등 친환경 의류 공급자들과 제휴하여 상품을 구입한 후에 내가 고객들의 주문에 따라 손을 보기만 하면 된다. 비싸지 않은 가격에 살 수 있는 고급 유아 기성복!

거기까지 생각이 미치자 마음이 뜨거워지면서 흥분되기 시작했다. 부모들이라면 누구나 자기 아이만을 위한 특별한 옷을 입혀주고 싶지 않을까? 매혹적이고 앙증맞은 조그만 아기 옷 앞에서 마음이 녹아보지 않은 사람이 어디 있을까? 유일한 난점이라면, 아이가 폭풍 성장하는 시기이니 입힐 수 있는 시간은 짧은데 독창적인 디자인이라는 이유로 옷 가격이 너무 비싸다는 것. 하지만 나의 개념을 도입하면, 부모들은 임대 시스템을 통해 품질 좋은 아기 옷을 원하는 대로 얼마든지 새롭게 입힐 수 있다! 나는 재빨리 계산기를 두드렸

다. 매월 5유로면 의류 임대 계약서를 쓸 수 있을 거라는 계산이 나왔다.

나는 이 계획을 공들여 준비하기 위해 쉬지 않고 일했다. 우선 의류를 공급받을 수 있는 파트너들을 설득하기 위한 시제품을 만들기 시작했다. 그리고 프레젠테이션을 위한 확실한 자료들도 준비했다. 그리고 나서는 행운을 기원하면서, 승인 위원회의 승인이 떨어지기를 기다렸다.

모든 상황이 제법 윤곽이 잡혀갔다. 좋은 파동이 느껴졌다. 2주일 후에 위원회로부터 긍정적인 답을 받았을 때, 너무 행복해서 나도 모르게 그 자리에서 무릎을 꿇어버렸다! 세바스티앵은 당연히 불안해했지만, 결국 나를 지원하기로 결심했다. 이제는 엄마에게 '좋은' 소식을 알리는 것만 남았다. 하지만 엄마를 생각하자, 나의 기쁨이 반감되었다. 엄마에게는 오직 번듯한 회사의 정규직원이 되는 것만이 인정할 만한 선택이었기 때문이다.

제8장
엄마, 그리고 아버지

27

흥분과 두려움이 교차하는 복잡한 심정으로 내가 자란 작은 아파트의 초인종을 눌렀다. 엄마가 활짝 웃으며 나를 맞이하고, 두 팔로 따뜻하게 꼭 끌어안아 주었다. 그러나 나는 잔뜩 긴장이 되었다. 지금의 이 달콤한 평화가 한 순간에 날아가 버릴 것임을 알고 있었으니까.

"앉으렴, 아가야. 잠시만 기다릴래, 스튜가 어떻게 되었는지 잠깐 보고 오마……."

"엄마! 그냥 간단하게 먹자고 했잖아요. 무슨 요리를 했어요, 힘들게."

"별거 아니야. 아무것도 안 했어. 내 딸한테 먹일 건데 뭐가 힘들겠어. 네가 잘 먹는 게 나한테 얼마나 큰 즐거움인데 그러니."

난 항복하고 말았다. 언제나 그랬던 것처럼.

작은 거실 소파에 다리를 꼬고 앉아 엄마를 기다렸다. 거실에서 가장 눈에 띄는 곳에 당당하게 자리 잡고 있는 벽시계의 바늘소리에 맞춰서 심장이 두근거리기 시작했다. 내가 뉴욕 여행을 갔을 때 사온 시계였다.

엄마는 오랜만에 모녀가 머리를 맞대고 있을 수 있다는 것에 몹시 즐거워하면서 내 곁으로 왔다.

"자! 이제 얼굴 좀 보자꾸나!"

나는 헛기침을 하면서 목을 가다듬었다. 그 순간 엄마는 내 기색이 좋지 않은 것을 금방 알아차렸고, 동시에 수심의 그림자가 얼굴을 스쳐갔다.

"괜찮니, 우리 딸? 얼굴 표정이 영……."

"실은…… 엄마에게 알려드려야 할 중요한 소식이 있어요."

"오, 세상에! 세바스티앵하고 헤어질 생각이니?"

"아뇨, 엄마! 무슨 소리예요."

"그럼, 그가 널 떠난 거야?"

"엄마!"

내가 짜증 섞인 소리로 말했다.

"왜 엄마는 항상 최악의 상황을 내게 투사하는 거예요?"

엄마의 얼굴이 더욱 침울해졌다.

"투사하는 게 아니란다, 얘야. 그저 삶의 현실을 통찰할 뿐이지. 네 아버지가 우리에게 한 일을 보려무나……."

"그건 엄마 이야기에요! 엄마가 그런 삶을 살았다고 해서 나도 그런 삶을 살아가게 되는 건 아니라고요!"

"맞는 소리다, 미안하구나……. 그럼 큰 뉴스란 건 뭐니? 오, 알겠다! 임신한 게로구나!"

엄마는 왜 아직도 이런 소릴 하는 것일까? 내가 둘째를 원치 않는다는 것을 존중해줄 순 없는 것일까?

"……."

"아니야? 좋아…… 그럼 대체 무슨 일이니? 이야기해보렴."

엄마는 내 손을 잡으며 어서 말해보라고 부드럽게 다그쳤다.

"회사 그만두려고요."

엄마가 금방 내 손을 놓았다.

"농담이지?"

"정말이에요, 엄마. 실은 얼마 전에 아주 훌륭한 남자를 만났어요."

"너, 바람 피웠니?"

엄마가 분개하면서 외쳤다.

"엄마! 제발 이야기 좀 끝까지 들어 보세요! 물론 아니에요. 바람을 피우다뇨. 내가 만난 그 사람은 내 인생을 종합적으로 검토하고, 내가 잃어버린 행복의 길을 다시 찾을 수 있게 도와준 사람이에요."

"그게 무슨 소리냐? 잃어버린 행복이라니? 난 네가 행복한 줄 알았는데. 왜 그런 말을 하는 거야? 이해할 수 없구나……. 네겐 좋은 직장이 있고, 널 사랑해주는 남편과 똑똑한 아들도 있잖니."

"네, 엄마. 난 그 모든 걸 갖고 있어요. 그리고 나 역시 내가 행복하다고 믿고 있었어요. 그런데 어느 날부터 삶이 텅 비고 허망하게 느껴졌어요. 점점 깊어 가는 공허감 때문에 견딜 수 없을 지경까지 이르렀죠. 하지만 지금은 클로드 덕분에 내 삶의 의미를 되찾아가고 있는 중이에요."

"클로드? 그 사람 이름이 클로드냐? 네가 말한 그 남자는 뭐하는 사람이니?"

"그는…… 타성 치유 전문가예요."

"……."

"타성 치유학이란 새로운 방식을 사용해서 개인의 성장을 돕는 학문이에요. 아주 탁월한 효과가 있어서……."

나는 스스로를 변명하려고 애썼다.

"그게 뭔데?"

엄마는 몹시 당황하며 걱정스러워했다.

"얘야, 사람을 너무 믿으면 안 돼……. 요즘 사기꾼들이 얼마나 많은데! 꿈이니 행복이니 더 나은 삶을 약속한다는 핑계로 네게서 돈을 뜯으려는 수작인지 어떻게 아니."

나는 우리 대화가 이런 식으로 돌아갈 줄 이미 알고 있었다.

"엄마! 절대 그런 게 아니에요. 엄마는 나를 어린애 취급하는 걸 대체 언제쯤 그칠 거예요? 난 지금 내가 뭘 하고 있는지 잘 알고 하는 거란 말이에요."

"……."

그리고 시작된 침묵. 비난으로 가득 찬 침묵이 내 신경을 날카롭게 만들었다.

"엄마, 난 이제 내가 하고 싶은 일을 할 거예요. 제 꿈이요. 아동복 분야에서 일하기 위해 신중하게 계획을 세우고 있어요."

"그 분야가 전망이 밝지 않다는 걸 알고 있긴 하니?"

어머니가 불안과 언짢음 사이를 오가고 있음을 느낄 수 있었다.

"네, 하지만 난 남들이 시도해보지 않은 독창적인 방식을 생각하고 있어요. 엄마, 의류 임대라는 거 알아요?"

"의류 임대? 아니, 처음 듣는 소리로구나."

"아주 실용적이고 경제적인데다 친환경적인 시스템이에요. 사람들이 의류를 임대할 수도 있고, 구매할 수도 있게 하는 거죠. 자동차나 장난감 분야에서는 이미 널리 퍼져 있는 방식이에요. 경제 위기 때는 대부분 아기들을 위해 비싼 옷을 사려고 하지 않잖아요. 얼마 안 입으면 작아져서 못 입을 건데 비싼 돈을 주고 살 필요가 없으니까. 그래서 난 매월 5~10유로를 받고 옷을 빌려줄 거예요. 난 이 아이디어가 요즘 같은 시대에 제대로 먹힐 거라고 확신해요!"

나는 흥분해서 말했지만, 확실히 엄마는 나와 함께 감동을 나눌 준비가 되어 있지 않았다.

"그래서 그것 때문에 지금 있는 직장을 떠나겠다고? 경제적으로 안정되는 게 얼마나 중요한 건지 가르치려고 평생 그토록 애를 썼건만……. 만일 그 사업이 생각만큼 잘 되지 않으면, 아드리앵과 가정을 위험에 빠뜨릴 수도 있다는 건 생각해본 거니?"

"엄마는 왜 항상 최악의 경우만 생각하세요? 엄마! 엄마가 나를 좀 믿어줬으면 좋겠어요. 내 계획에 무조건 불안과 비관적인 생각만 퍼붓지 말고 말이에요!"

"세바스티앵은 뭐라니?"

"그이는 날 지지해줘요. 우린 초기 투자를 위해 드는 비용을 이미 계산해봤어요."

"위험 부담이 너무 커! 너무 큰 모험이란 말이다."

"네, 하지만 인생 자체가 모험이에요! 이 계획이 내게 얼마나 큰 활력소가 되는지 엄마도 아셔야 해요. 난 다시 태어난 것 같아요. 비로소 진짜 내가 된 것 같다니까요!"

"……."

쓸데없는 일이었다.

"알겠어요, 그만 가볼래요. 엄마는 아직 내 생각을 받아들일 준비가 되어 있지 않네요."

"……."

엄마는 굳이 나를 붙잡으려고 하지 않았다.

거리로 나온 나는 모순된 감정에 사로잡혔다. 그 누구도 아닌 바로 나의 어머니에게 이해받지 못한 것이 슬펐다. 하지만 다른 한편으로는 과거의 나 자신으로부터 해방된 기분이 들기도 했다. 언제나 자동적으로 '남을 기쁘게 하려는' 태도에 내가 드디어 제동을 걸기 시작한 것이다. 이젠 엄마가 날 위해 상상했던 삶이 아니라, 내 자신에게 어울리는 삶을 살게 되었다. 그럼에도 불구하고 나는 이 새로운 태도에서 불편함을 느꼈다. 뭔가 편하지 않은 느낌……. 결국 실패하면 어떻게 하지? 이 모험을 경계하고 조심하는 어머니가 옳았던 거라면? 이런 생각들이 나의 기쁨을 조금 망쳐놓았다.

28

클로드가 만나자고 연락을 해왔다. 하지만 이번엔 내가 정확하게 알고 있는 장소였다. 루브르 미술관이었으니까. 그런데 왜 그곳으로 오라고 했는지는 짐작이 가지 않았다.

루브르 미술관에 도착해 수많은 인파를 헤치고 걷는 동안, 그가 커다란 마법사 모자 안에서 대체 무엇을 꺼내려고 하는지 몹시 궁금했다. 곧 그 답을 알게 되겠지…….

클로드와 함께 걸으면서 엄마와 만났던 이야기를 꺼냈다. 하지만 클로드는 전혀 평소의 그답지 않게 내 이야기를 건성으로 듣는 것 같았다. 대체 무슨 생각을 하고 있는 걸까? 정말로 내 이야기를 듣고 있기나 한 걸까? 나는 엄마의 회의주의가 얼마나 내 마음을 불안하게 흔들어 놓았는지, 내가 어떤 감정을 느꼈는지 이해시키려고 애를 썼다. 그러나 그는 평온한 얼굴로 그림들 사이를 산책하면서 내 이야기에는 조금도 반응하지 않았다.

"클로드, 내 말을 듣고 있지 않군요!"

너무도 태연한 그의 무관심에 짜증이 나서, 결국 참다못해 한마디 하고 말았다.

"내 마음은 이렇게 극심한 폭풍을 겪고 있는데 말이에요."

어쨌거나 먼저 만나자고 한 건 그가 아닌가! 마치 자기 혼자 온 것처럼 말없이 그림만 구경할 거라면, 내가 뭐하러 여기까지 왔단 말인가?

그는 대답은 않고, 날더러 조용히 하라는 뜻으로 손가락 하나를 입술에 갖다 댔다. 나는 화가 나서 폭발하기 일보 직전이었다. 그때 그가 걸음을 조금 빨리 하더니, 거장 레오나르도 다빈치의 방으로 나를 데리고 갔다. 〈모나리자의 미소〉가 걸려 있는 예술의 성전에 들어가자 그 역시 수수께끼 같은 미소를 지었다. 그러곤 여전히 말 한마디 없이 한 작품 앞에 있는 긴 의자에 앉게 했다. 다빈치의 최고 걸작 중 하나인 〈성 안나, 성모 마리아 그리고 아기 예수〉였다. 우린 거기서 그림을 마주보고 앉아 잠시 침묵을 나눴다.

"카미유, 뭐가 보여요?"

드디어 그가 물었다.

당황한 나는 그림을 훑어보면서 뭔가 의미를 찾아보려고 했다.

"음, 성모 마리아가 아기 예수를 품에 안으려고 하는 것 같아요. 하지만 아기 예수는 어머니 품에서 빠져나오려는 것처럼 보이네요. 아기는 엄마보다는 어린 양에게 더 흥미를 갖고 있어서, 양이랑 놀고 싶어 하는 것 같아요. 할머니인 성 안나는…… 지긋이 내려다보고 있어요."

클로드가 내 말에 미소를 지었다.

"카미유, 나는 당신에게 이 그림을 보여주고 싶었어요. 이 그림을 통해 어머니와 자녀의 관계에 대해 내가 느낀 것을 당신에게 설명해 주고 싶었거든요."

어머니와 자녀의 관계. 바로 그 순간, 내 목에 매달리며 "엄마, 사랑해요."라고 속삭이던 아드리앵의 모습이 떠올랐다. 동시에 내게 밀착해오던 아이의 따뜻한 체온도 느껴졌다. 뿐만 아니라, 익숙하지만 낯설어진 그 거실에서 엄마에게 이해받고 싶어서 애쓰던 내 모습이 보였다.

클로드의 말이 이어졌다.

"어린 양은 희생을 상징하죠. 그리고 예수가 그 어린 양을 품에 안으려는 모습은 십자가에서 죽어야 하는 자신의 운명을 받아들인다는 것을 의미하고요. 마리아는 어머니로서 그 고통의 운명으로부터 그를 멀어지게 하려고 애쓰고 있어요. 아이를 품에 안아 보호하려고 하지요. 성 안나, 그녀는 자제하는 태도를 보여줘요. 그녀는 이 일에 개입하지 않고 바라보기만 하는데, 그건 그녀가 상징적으로 손자의 운명을 받아들이고 있다는 것을 보여주는 것이죠."

내게는 목가적인 장면으로밖엔 보이지 않은 그림에 대해 그가 내린 해석은 나를 깜짝 놀라게 했다. 그의 말을 귀담아 들으면서, 새로운 시선으로 그림을 다시 보게 되었다.

"모든 어머니는 항상 자식을 걱정하고, 자식을 고통에서 지켜내려고 온갖 수단을 강구하기 마련이에요. 그건 자연스러운 태도지요. 하지만 그게 자신의 운명을 완성하고 자기 인생을 살아가야 하는 아이에겐 때로 걸림돌이 될 수 있어요. 당신은 지금까지 어머니로부터 끊임없이 칭찬과 동의를 얻으려고 애써왔어요. 그분을 기쁘게 하고, 그분의 기대를 저버리지 않으려고 당신 자신의 욕망은 눌러 왔던 거예요. 그건 당신의 발에 너무 작은 구두를 신고 걸어온 거나 마찬가지예요. 그런데 지금 당신이 자신의 길을 가겠다고 어머니에게 알렸으니, 그것이 어머니를 걱정하고 두려워하게 만들었을 건 당연해요. 하지만 어머니의 두려움을 당신이 감당하려 들지 말아요. 이제 어머니의 두려움은 어머니가 감당하도록 내버려 두고, 당신은 자신감을 갖고 당신의 길을 계속 가야 할 때예요. 어머니는 당신이 점점 발전하고, 꽃을 피우고, 행복해하는 모습을 보면 결국 기뻐하실 거예요."

나는 잠시 클로드의 확신에 찬 얼굴을 바라보았다.

"그래요, 클로드. 나도 꼭 그렇게 되었으면 좋겠어요."

그에게 그렇게 대답하면서, 나 자신은 아드리앵에게 어떤 어머니인지 궁금해졌다. 과연 나는 모든 상황을 잘 처리하고 있는 걸까? 아이가 자신의 능력을 마음껏 꽃피울 수 있도록 어머니로서 올바르게 처신하고 있는 걸까? 지금은 아드리앵이 아직 어려서, 욕망이나 필요도 어린아이의 것에 불과하다. 하지만 아이가 자랐을 때는? 아이가 모든 것을 스스로 선택할 때가 되면? 남자로서 자신의 길을 구축해야 할 때가 되면? 나의 어머니가 내게 했듯이, 나 역시 나의 기대를 그에게 부과하게 될까? 나는 진심으로 아이의 말을 경청할 수 있을까? 아이가 자신의 꿈을 실현시키도록 도와줄 수 있을까? 우리는 최선의 선택을 한다고 믿지만 때로는 우리의 두려움, 우리의 사랑까지도 우리를 눈멀게 한다.

클로드는 말이 없었다. 자유롭게 내 생각을 확장할 수 있도록 시간을 주는 것 같았다. 나는 내가 다시 그의 말을 들을 준비가 되어 있다는 걸 알려주기 위해 그에게 살짝 미소를 지어 보였다. 그가 다시 말했다.

"카미유, 지금 당신의 어머니는 이런 방향 전환이 당신에게 많은 고통을 가져다 줄까봐 걱정하고 있어요. 하지만 어느 정도 시간이 지나면, 당신에게 정말로 고통스러운 건 아무것도 하지 않고 가만히 있는 것임을 어머니도 이해하게 될 거예요. 가장 심각한 건 실패가 아니라, 시도조차 않는 거예요. 어쨌든 우리가 우발적인 고통들을 미리 대비할 수 있는 방법은 없어요. 고통은 우리 삶의 일부니까요. 인생은 꽃길로만 이루어져 있지 않아요. 우리 각자는 그 사실을 실존이라는 게임의 규칙으로 받아들여야 해요. 그러지 않으면 현실에 저항하는 불만족만 강화시킬 뿐이죠. 현자들이 어떤 사건을 외부적 흐름에 근거하지 않고, 그 사건을 이해하는 방식에 근거하는 법을 배우는 이유가 바로 그 때문이에요."

그의 말은 무더운 여름 뙤약볕 속에서 만난 한 줄기 시원한 물처럼 다가왔다. 그 말들은 내가 지금까지 걸어왔던 길과는 전혀 다른 길을 가기로 한 나의 결심을 공고히 해주고, 훗날을 위해 생각할 거리를 주었다. 아들이 성인으로서 미래를 준비하기 위한 선택들을 해야 할 그때를 위해서.

갑자기 한 무리의 외국인 여행자들이 소란스럽게 들어와 우리의 진지한 대화를 방해했다. 나는 혀를 끌끌 차며 투덜거렸다. 불평이 새어나오는 것을 억누를 수 없었다.

그러나 클로드는 별로 개의치 않는 듯 무관심한 태도로 미소를 지었다. 그를 언짢게 만들 수 있는 건 아무것도 없다는 것일까?

그는 나를 다른 방으로 데리고 가면서 이야기를 계속했다.

"봐요, 카미유. 혼란스럽게 만드는 외부 요소들이 아직도 당신에게 영향을 끼치고 있잖아요. 그 순간에 당신은 자신의 행복을 그들에게 맡겨버리는 셈이에요. 현실은 어떤지 아세요? 당신은 상황의 흐름에 절대로 손을 댈 수 없어요. 통제가 불가능한 것이지요. 그러니 자칫 하면 당신은 영원토록 변덕스러운 물결 위에 떠다니는 작은 코르크 마개처럼 살게 될 수도 있지요. 하지만 지혜로운 사람들은 수면에 폭풍이 몰아친다 해도 깊고 깊은 물속의 평온함을 간직해요. 비결은 당신이 자신의 마음을 다스리고, 불쾌한 상황에 처할지라도 그 상황을 잘 보내기로 결정하는 거예요. 그러면 실제로 그 상황을 잘 겪고 넘어가게 돼요. 또 부정적인 것 안에서도 긍정적인 면을 보겠다고 결심해야 해요. 곧 알게 되겠지만, 그것만이 완전히 다른 삶으로 다가갈 수 있는 방법이에요."

"네, 하지만 아무리 그래도…… 자기의 생각을 지배하기란 그리 쉽지 않아요. 우리 반응이 항상 이성적인 건 아니잖아요. 난 며칠 동안 내 사업계획에 대해 아무런 확신도 서지 않고 의심만 들었어요. 난 겁이 나요. 아무래도 이 사업은 위험 부담이 너무 크다는 생각이 들어요. 사업 전망에 대해 의문을 표시한 건 사실 우리 엄마만이 아니에요. 나와 가장 친한 친구나 삼촌도 이런 불경기에 그처럼 불확실한 사업에 뛰어드는 건 미친 짓처럼 보인다고 말했어요. 난 겁이 나요."

클로드가 내 팔에 손을 얹더니, 어둠을 두려워하는 어린 소녀에게 말하듯이 안심되고 따뜻한 목소리로 말했다.

"카미유, '난 겁이 나요.'라는 말을 '난 설레요.'로 바꿔보면 어떨까요? 이런 재치는 아주 효과가 있거든요. 오스카 와일드가 이런 말을 했어요.

꿈을 쫓아가는 동안 눈에서 놓치지 않을 정도로 충분히 큰 꿈을 꾸는 것, 그것이 지혜이다.

당신이 담대하게 그런 꿈을 꾼 것은 아주 잘한 일이에요. 내가 짧은 이야기 하나 해줄게요. 아마 당신에게 위안을 주고, 다시 자신감을 줄 수 있는 이야기일 거예요.

개구리 왕국에서 1년에 한 번씩 경기가 개최되었어요. 매년 새로운 목표에 도전하는 경기였죠. 그런데 어느 해엔 낡은 탑의 꼭대기까지 올라가야 하는 목표가 주어졌어요. 연못 안의 개구리란 개구리들이 모두 이 행사를 구경하려고 모였어요. 드디어 출발 신호가 울렸죠. 그런데 관객 개구리들은 탑의 높이를 보는 순간 선수들이 절대로 꼭대기까지 올라가지 못할 거라고 생각했어요. 워낙 높았거든요. 그래서 모두들 이렇게 한 마디씩 했지요.

'불가능해! 아무도 저기까지 올라가지 못할 거야!'

'개구리의 체력으로는 절대로 저런 곳에 갈 수 없다고!'

'저런 탑이라면 꼭대기는커녕 반도 못 가서 온몸의 수분이 말라 죽고 말 걸.'

선수들은 그런 말을 들으면서 차례로 의욕을 잃어갔어요. 용감하게 기어오르기 시작한 몇 마리를 제외하고는 모두들 시합할 의지가 없어졌지요. 관객 개구리들은 그치지 않고 계속 떠들었어요.

'굳이 올라갈 필요 없다니까! 어떤 개구리도 저기까지 갈 수 없어! 봐, 거의 모두가 포기했잖아!'

올라가던 개구리들마저 한 마리씩 패배를 선언하며 중도에 포기했죠. 그런데 오직 한 마리, 이 모든 말들에도 불구하고 계속해서 올라가는 개구리가 있었어요. 그 한 마리는 결국 굉장한 노력을 한 끝에 드디어 탑의 꼭대기까지 올라가고 말았죠.

다른 개구리들은 너무 놀랐어요. 대체 어떻게 탑 꼭대기까지 올라갈 수 있었는지 궁금해서 견딜 수 없었어요. 한 마리가 다가가서 물었어요. 어떻게 그 힘든 시련을 이겨낼 수 있었는지를. 그런데 알고 보니 그 승리자 개구리는…… 귀머거리였던 거예요.

그러니 카미유, 주변 사람들의 의견에 영향 받지 않도록 조심하세요. 그들의 말을 듣지 말아요. 당신의 사기가 떨어지지 않게 해요. 당신을 사랑하는 사람들도 때로는 자신들의 두려움과 의심을 당신에게 투사하는 법이에요. 당신의 생각을 오염시키는 자들을 주의해요. 그들이 자신의 부정적이고, 불만스럽고 혹은 회의적인 사고방식을 당신에게 전염시키지 않도록 조심해야 해요."

클로드의 말들이 오랫동안 나의 귀를 울리면서 효력을 발휘했다. 난 이미 뒤돌아 갈 수 없었다. 아니, 돌아가고 싶지 않았다. 나는 사업 계획에 마음이 꽉 잡혀 있었고, 그 계획을 끝까지 끌고 가는 것이 얼마나 중요한지도 잘 알고 있었다. 그것은 나의 자아 성취와도 관련이 있었다. 그래서 난 마음속의 눈가리개와 소음방지용 귀마개로 단단히 무장을 하고 계속해서 나의 길을 가기로 결심했다.

29

회사에서 나의 사직을 축하하는 송별회를 마련해 주었다.

기분은…… 이상했다. 회사에서 해방되어 기쁜 마음과 막연한 불안감이 뒤섞인 감정. 난 정말 올바른 선택을 한 것일까?

내 퇴사 소식은 모두를 놀라게 했다. 동료들 대부분은 나를 가정을 위해 노력하는 상냥한 어머니로 보고 있었다. 그런데 그런 내가 어느 날 갑자기 가능할 것 같지 않은 사업 계획을 들고 나와서 회사를 그만두겠다니!

축하 파티가 열리는 회의실은 모든 사람이 들어가기엔 조금 비좁았다. 부장이 내 환송식을 구실로 다른 부서 사람들까지 초대했기 때문이다.

어떤 이들은 나의 퇴사는커녕 나의 존재마저도 관심이 없어서, 내겐 인사할 생각조차 않고 공짜 샴페인을 즐기고 있었다. 그나마 파티의 명목을 아는 이들은 내게 와서 한마디씩 했는데, 한편으로는 질투를 감추지 못했다.

"이런 시기에 사업이라뇨? 내 친구 중에 사업을 하겠다며 매장을 연 친구가 있는데, 5년 동안 생활비도 못 건지고 있는 형편이지 뭡니까. 그건 일이라고 할 수도 없어요. 완전히 무보수 자원봉사던데요."

"사업가? 흠……, 궁한 생활에 익숙해지는 훈련부터 시작해야겠네요."

그들은 내게 한 마디씩 한 후에 '행운을 빌어요.'라고 하면서 떠났다. 그 말은 마치 '경쟁자 한 명이 줄어서 시원하군.' 하는 말처럼 들렸다.

그들의 비아냥은 날 화나게 만들었다. 왜 항상 모든 것이 결국 돈으로 연결되고 말까? 설령 최저임금을 받더라도 꿈은 꿈이지 않는가! 난 월급쟁이로 살던 내내 지금처럼 살아있는 기분과 활기를 느껴본 적이 한 번도 없었는데! 이것이야말로 값으로 따질 수 없을 만큼 가치 있는 것이 아닐까!

다행히도 몇몇 사람들이 정말 근사하고 사랑스러운 태도를 보여주었다. 특히 안내를 맡고 있는 멜리사는 예쁜 꽃다발까지 가져왔다. 그리고 프랑크는 우리 부서 이름으로 준비한 선물을 건네주었다. 네 잎 클로버 모양의 크리스털 서진이었다. 반짝반짝 빛나고 견고한 작품이었다! 나는 감동하고 말았다.

"당신 사업에 번창을 가져다 줄 거예요. 꼭 매장 안에 두어야 해요, 알겠죠?"

그가 말했다.

나는 따뜻하게 그를 포옹했다. 그에게 이처럼 섬세한 면이 있었다는 걸 처음 알았다.

그 다음엔 부장이 다가왔다. 그의 눈에서 부러움과 감탄의 감정을 읽을 수 있었다.

"카미유, 자네 계획이 성공하길 진심으로 원하네. 그런 모험을, 더군다나 이처럼 경기가 안 좋은 시기에 이렇게 용감하게 뛰어들다니 정말 훌륭해. 불경기 때는 두려워서 아무것도 안 하고 몸을 사리는 게 대부분인데 말일세! 혹시라도 사업이 어려우면, 망설이지 말고 이곳으로 돌아오게. 자네를 위한 자리는 항상 준비되어 있을 테니까."

"감사합니다, 부장님. 잊지 않겠어요."

물론 다시 돌아올 생각 같은 건 조금도 없었지만…….

짐정리는 순식간에 끝났다. 거의 20년 동안의 직장 생활이 작은 상자 하나에 다 담겼다! 나는 꿈으로 가득 찬 기분이었다. 하지만 그 꿈이 길몽인지 악몽인지는 알 수 없는 일이었다.

작은 상자를 들고 집을 향해 걸어가는 동안, 위안과 기쁨, 홀가분함과 해방감뿐 아니라 두려움과 불안, 긴장, 막막함 등 여러 가지 모순적인 감정들이 뒤섞여 흔들렸다. 내 자신이 낯설게 느껴졌다.

그날 이후로 나는 창업에 필요한 자금을 준비하기 위해 이전보다 훨씬 바쁘게 움직였다. 먼저 내가 준비할 수 있는 개인 자금을 계산해 보았다. 내가 가진 돈을 다 긁어모아도 필요 자금의 30퍼센트에도 달하지 못했다. 그래도 은행을 설득해서 융자를 받으면 되지 않을까?

나는 이 방면에 대해 잘 알고 있는 지인들의 도움을 얻어서 꼼꼼하게 서류들을 준비했다. 적어도 그랬기를 바랐다. 그런 다음 잘 짜인 사업계획서를 갖고서 은행을 공격하러 출발했다.

첫 번째 약속을 잡은 날 아침, 내 위장이 세계 최강의 롤러코스터를 탈 때처럼 요동쳤다. 난 10초마다 한 번씩 시계를 들여다보았다. 드디어 그 시간이 왔다. 그래, 부딪쳐야 할 일이면 부딪쳐 봐야지. 어쨌든 더 물러설 곳도 없잖아!

나는 미리 내게 힘과 용기를 주는 음악들을 골라서 **힘을 주는 노래** 목록을 만들어 놓았다. 군대가 진군할 때 노래를 부르는 의식은 결코 무의미한 것이 아니다.

나는 라디오헤드의 〈노 서프라이즈〉를 듣고 있으면 활기가 차올랐다. 누구라도 자신의 운명을 스스로 써내려갈 수 있을 것 같았다. 내가 《나의 성공 스토리》라는 책을 쓴다면, 지금의 나는 총 16장의 이야기에서 9장 째쯤을 써내려가고 있는 셈이었다.

은행에 가는 나의 두 손은 축축했지만, 등에는 하얀 날개들이 있었다. 이제 날아갈 준비가 된 것이다.

그러나 불행히도 나의 감격은 아주 짧은 순간에 불과했다.

대출 담당자는 나를 차갑게 대했다. 내가 준비한 서류에 눈길만 한번 쓱 던졌을 뿐이었다. 그는 나의 빈약한 자금을 보며 언짢은 표정을 지었다. 그리고 10분도 채 못 되는 아주 짧은 시간 안에 인터뷰를 끝내고는 빠른 시일 내에 답을 주겠노라고 약속했다. 아닌 게 아니라 그 약속만은 분명하게 지켰다. 48시간 안에 '불가능'이라는 대답을 주었으니까!

다른 은행과 잡았던 두 번째 인터뷰 역시 같은 장면을 되풀이했다. 아니 더 나빴다. 나는 휴대전화를 통해 낯선 이가 통고하는 '불가능'이라는 대답을 들었다. 장 본 물건들을 팔에 가득 안고 집으로 돌아가는 길이었다. 그렇잖아도 불편한 상황에다 쓰디 쓴 실망이 추가된 것이다. 나는 또 한 번 내 꿈이 잽싸게 도망치는 모습을 목격했다.

두려움과 현실에 대한 각성이 나의 눈과 코를 찔러댔다.

아드리앵이 문을 열어줬을 때, 나는 겨우 인사만 하고 재빨리 부엌으로 향했다. 아이가 내 얼굴에서 참담한 심정을 눈치 채지 못하게 하고 싶었기 때문이다. 하지만 아이들은 모든 것을 다 느낄 수 있다.

"엄마, 괜찮아요? 짐 정리하는 거 도와줄까요?"

"괜찮아, 괜찮아. 엄마가 혼자 금방 할 수 있어……."

나는 수납장을 열고 바쁘게 일하는 시늉을 했다.

아이가 내 눈물을 보지 못하도록 일부러 등을 돌리고 있었다. 하지만 아무 소용없었다.

"엄마, 왜 울어?"

아이는 내 눈을 들여다보고 몸을 굽힌 채 물었다.

"아냐, 울긴. 괜찮아. 얼른 네 방에 가서 놀고 있어."

"무슨 일인지 말해주기 전엔 안 갈 거예요."

얼마나 침착한가! 아드리앵은 가끔씩 이렇게 한 가정의 가장처럼 행동할 때가 있었다. 아이는 내가 무엇 때문에 눈물을 흘리는지 말해주지 않으면 한 발자국도 움직이지 않을 태세였다. 하는 수 없이 은행에서 융자를 거절당했기 때문이라고 설명했다.

"엄마가 회사를 차리려고 하는데 돈이 모자라지 뭐야. 그런데 은행에서 엄마에게 돈을 빌려줄 수 없다는 거야. 그래서 지금 좀 우울한 거란다. 하지만 걱정하지 마. 엄마는 여기서 끝나지 않을 거니까!"

나는 흐르는 눈물을 멈추지 못하는 동안에도 아이가 걱정하지 않게 미소를 지어 보이려고 애썼다.

아이는 날 위로해주려고 그 작은 품에 나를 꼭 끌어안고서 인생을 다 아는 남자처럼 확신에 찬 어조로 말했다.

"엄마, 너무 걱정하지 말아요, 다 잘될 거예요!"

그러고는 몸을 돌려 자기 방으로 들어갔다. 천진한 아이의 태도가 나를 미소 짓게 했다.

장 봐온 식료품들을 모두 정리한 후에, 전날 저녁만 해도 엄두가 나지 않던 프라이팬들을 공략하면서 설거지를 했다. 절망에서 나오는 에너지를 모두 설거지에 쏟아부었다. 이 일상적인 몸짓이 바짝 곤두선 내 신경을 진정시켜주길 바라면서.

설거지를 끝내고 식탁을 차릴 때, 아이가 거실에서 주방으로 쪼르르 들어왔다. 뭔가 꿍꿍이를 꾸미고 있는 표정에 밝은 미소가 가득 담겨 있었다.

"엄마! 자, 이거 받아요."

그러면서 포장지로 만든 봉투 하나를 내밀었다.

"열어보세요!"

아이는 빨리 열어보라며 나를 독촉했다.

나는 아이의 말대로 봉투를 열었다. 봉투 안에는 한 묶음의 지폐와 족히 50개는 될 듯한 동전들이 들어 있었다.

"엄마가 가져요."

아이는 얼굴에 자랑스러운 빛을 띠고 말했다.

"내가 다 세어봤는데, 123유로 45상팀이에요. 이걸로 충분하지 않으면 내 게임기를 팔게요. 그러면 엄마 회사를 차릴 수 있어요?"

난 감동으로 목이 메었다. 얼마나 사랑스러운 아이인가!

나는 아이를 품에 꼭 안았다.

"고맙구나, 내 아들……. 얼마나 장한지! 하지만 그 돈은 네가 갖고 있으렴. 필요하면 엄마가 달라고 말할게. 꼭! 약속할게."

"약속한 거예요?"

"그럼, 약속한 거야."

나는 아이에게 확실하다는 몸짓을 해보였다.

아드리앵은 아주 만족스러워 했다. 그리고 자신이 돈을 저축해두었다는 것에 몹시 뿌듯해 했다. 내 얼굴에 다시 나타난 미소를 본 아이는 자기의 임무가 성공했다고 믿고, 자신의 전 재산을 손에 들고 가벼운 마음으로 돌아갔다. 아이의 사랑스러운 자발적 행동이 마음에 큰 위로가 되었다. 그저 두 팔을 내려뜨린 채 절망만 하고 있을 수 없었다. 나를 위해, 내 아들을 위해 그리고 나의 창업을 믿어주고 있는 모든 이들을 위해 집념을 갖고 다시 뛰어야 할 때였다!

어떻게든 재정 문제를 해결하기 위해 다시 한 번 은행 문을 두드려보기로 하고, 세 번째 은행에 서류를 보여주었다.

다시 며칠이 흘렀다. 나는 소망의 헬륨으로 한껏 부풀어 오른 마음을 갖고서 기다렸다. 그리고 그 소망은 다시 한 번 공중에서 폭발해버렸다.

세 번째 거절 소식을 듣자 커다란 망치로 머리를 한 대 얻어맞은 기분이 들었다.

세 개의 은행. 그중 어떤 은행도 나의 사업 파트너가 되어주길 원치 않았다. 나는 어찌해야 좋을지 몰랐다. 이자벨 위페르의 미소도, 간디의 지혜롭고 신뢰할 만한 표정도, 마이클 더글러스의 열정과 야망도 아무런 힘을 쓰지 못하다니…….

낙담이 나를 짓눌렀다. 불안도 덮쳐왔다. 만약 나를 지원해주는 은행이 하나도 나서지 않는다면, 난 끝장이었다. 그렇게 되면 예전 회사로 다시 기어들어가서 자리 하나만 달라고 사정을 하고, 오선지처럼 규칙적인 직장인의 삶으로 되돌아가서 스스로 행복하다고 여기며 사는 수밖에 없었다.

아, 안 돼! 그건 절대로 안 돼!

그러자 클로드에게 슬며시 화가 났다. 사실 따지고 보면 내가 이처럼 말도 안 되는 계획에 뛰어든 것도 바로 그 사람 때문이 아니던가! 그가 나를 이 길로 가도록 부추겼다! 그리고 지금, 나는 망하기 직전에 있다. 세바스티앵은 절대로 나를 용서하지 않을 것이다. 만일 그렇게 되면, 이 절망적인 스토리가 우리 부부 사이까지 갈라놓을 테고 내 가정은 파괴되고 만다. 낙심하고 분개한 세바스티앵은 아드리앵을 데리고 나를 떠날 것이다. 파산하고 절망한 나는 노숙자가 되어 떠돌이 신세가 될지도 모른다.

무서운 환상 체험이 흥분한 나의 뇌척수막과 함께 신이 나서 마구 날뛰었다. 아, 나는 대재앙 참사의 계략에 말려들고 만 것이다!

'엄마 말이 맞았어, 이건 미친 짓이야! 난 절대로 해낼 수 없을 거야.'

분노와 두려움으로 흥분한 나는 질풍처럼 곧장 클로드의 사무실로 향했다. 그 작자와 그 망할 놈의 타성 치유인지 뭔지, 내 생각을 모두 그에게 말해버리고 말겠어! 그에게 책임을 물어야지! 반드시 그가 책임을 지게 만들 거야! 난 무엇에 대해 책임을 지게 하겠다는 건지도 모르면서 그렇게 생각했다.

클로드의 사무실에 도착한 나는 비서실을 거칠 생각도 않고 곧장 클로드의 방으로 향했다.

"부인, 안 돼요. 지금은 들어가실 수 없어요."

상관하지 않았다. 그리고 함부로 사무실 문을 벌컥 열었다. 클로드는 내가 들어오는 것을 보더니, 전화 통화를 중단했다.

"부인, 제발이요. 들어가시면 곤란합니다."

비서가 또 한 번 사정했다.

"마리안, 괜찮으니 그냥 가봐요. 내가 알아서 할게요. 카미유, 잠시만 기다려 줄래요?"

그는 조용하게 전화 통화를 끝냈다. 그의 침착한 태도가 나를 더욱 화나게 만들었다. 한없이 평온한 그는 고통으로 소용돌이치는 나와는 너무나 대조적이었다. 도대체 이 남자는 왜 저렇게 항상 침착하고 당당한 표정이란 말인가? 그리고 난 왜 이토록 뒤죽박죽이란 말인가?

"카미유, 무슨 일이에요?"

"무슨 일이냐고요? 내 인생의 지축이 흔들릴 만큼 큰 재앙이 일어났다고요! 난 오늘 은행에서 세 번째 거절을 당했어요! 이제 만사가 다 끝장이란 말이에요!"

나는 독이 바짝 오른 수탉처럼 쏘아댔다.

"진정해요, 카미유, 해결책은 항상 있는 법이에요."

"아뇨, 여기까지예요! 당신의 긍정적인 태도도 이제 지겨워요! 당신의 그 잘난 긍정적 태도가 나를 어디로 끌고 갔는지 보란 말이에요! 네, 당신이 그렇게 만든 거예요, 그 우스꽝스러운 충고도 그렇고! 내가 천박하죠? 차라리 잘됐어요! 난 당신을 믿었어요. 당신을 신뢰했죠. 그래서 나의 오랜 직장까지 매몰차게 내팽겨 쳤어요. 그랬는데 보세요, 지금 내게 남은 게 뭐죠? 아무것도 없어요! 거리에 나앉게 되었다고요! 아니, 대체 당신은 뭘 보고 내게 사업가의 재능이 있다고 생각한 거예요? 실패하리라는 건 불 보듯 빤한 일이었는데!"

클로드는 내가 떠드는 내내 나서지 않고, 화를 다 쏟아내도록 내버려 두었다. 비난을 쏟아내는 내 목소리를 듣고, 그의 비서가 와서 문을 두드렸다.

"뒤퐁텔 씨, 괜찮아요?"

"네, 아무 일 없으니 걱정 말아요, 마리안. 고마워요."

"테브니오 부인께서 기다리고 계시는데, 벌써 시간이……."

"그분께 대신 사과 좀 해줄래요? 그리고 다음 주에 다시 오실 수 있는지 좀 물어봐 줘요. 마리안, 고마워요."

나를 위해 다른 고객과의 약속을 연기한다고? 난 내가 그의 매끄러운 오후를 방해했다는 것에 속이 시원했다. 그는 내가 완전히 미친 모험, 말도 안 되는 위험 속으로 뛰어들도록 밀어붙였다. 그러니 내가 실패할 경우엔 그에게도 어느 정도 책임이 있다고 생각했다.

"카미유, 세 번 실패했다고 해서 모든 게 다 실패한 건 아니에요. 한 개의 은행, 두 개, 열 개……. 좀 더 끈질기게 두드려봐야 해요. 이 서랍을 열었는데 원하는 게 들어 있지 않다면, 다른 서랍도 열어봐야죠."

"끈질기게, 끈질기게! 지금 농담하는 거예요? 하기야 매일 사랑하는 사람들의 눈에서 불안이나 비난을 읽어야 할 사람은 당신이 아니니까요!"

"카미유, 화가 많이 났군요. 잠깐 심호흡을 해볼래요? 그리고 이 말을 생각해봐요.

바위를 만났을 때, 시냇물이 그 바위를 이기는 것은 힘이 아니라 끈질김 때문이다.

미국의 저술가인 잭슨 브라운의 말이에요."

"기가 막혀! 또 잘난 말씀들이군요! 그런 명언들을 외워댄다고 해서 은행 대출을 받을 수 있는 게 아니란 말이에요!"

"물론 아니죠. 하지만 당신의 지금 상태로도 받아낼 수 없긴 마찬가지에요. 카미유, 지금 몇 시죠?"

"아니, 지금 몇 시냐고요? 6시 15분이에요. 왜요?"

"마침 딱 좋은 때로군요. 시간이 조금 남았으니까……."

"뭐가 좋은 때라는 거예요?"

뜬금없는 그의 시간 타령에 짜증이 나서 물었다.

"곧 알게 될 거예요. 자, 갑시다!"

"하지만……."

나는 더 반대할 수가 없었다. 클로드가 나의 손목을 잡고 경보 선수 같은 걸음으로 데리고 나갔다. 그런데 이번에는 지난번의 재규어가 아니라 사무실 앞에 세워져 있던 작은 스쿠터로 다가갔다. 그러곤 재빨리 내 머리에 큰 헬멧을 씌워서 내가 더는 항의도 불평도 하지 못하게 했다.

우리는 파리 거리를 달렸다. 난 겁에 질려 그의 허리를 꽉 움켜쥐었다. 차량의 행렬, 빠른 속도로 흐릿하게 지나가는 익명의 얼굴들, 클랙슨 소리의 콘서트, 화려하고 위풍당당한 빌딩들, 그 꼭대기에서 번쩍거리는 금빛, 밑이 들여다보이지 않는 센 강, 매혹적인 강변, 무허가 노점상들…… 이 모든 것들이 회전목마처럼 돌아가면서 현기증을 일으켰다.

스쿠터가 갑작스레 멈췄다. 클로드는 스쿠터를 인도 위에 세웠고, 도시에 대한 나의 몽상도 끝이 났다.

고개를 들고 보니 앞에 잿빛 돌로 만든 건물 하나가 서 있었다. 생 쥘리앵 르 포브르 성당.

"제시간에 도착했네요."

클로드가 몹시 만족스러워하면서 외쳤다.

"클로드, 솔직히 말해 난 이럴 기분이……."

그는 내가 말을 채 끝내기도 전에 내 팔을 끌고 성당 안으로 들어갔다. 세 번째 줄에 비어 있는 두 좌석이 보였다.

ⓒPoulpy

"쉿!"

나는 클로드에게 더 항의하고 싶었지만, 벌써 한 쌍의 남녀가 무대 위로 걸어 나오고 있었다. 여자는 무대 가운데 섰고, 남자는 피아노 앞에 자리를 잡았다.

처음 두 곡이 내 마음을 진정시켜 주었다. 아름다운 선율이 내 몸

전체에 평온한 진동을 만들면서 내 귀를 감미롭게 어루만졌다.

내가 감정에 사로잡힌 것은 세 번째 곡, 수정처럼 투명하고 순수한 《아베 마리아》가 넓은 홀 안에 울려 퍼질 때였다. 온몸에 소름이 돋을 지경이었다. 뜨거운 열정이 뼛속까지 파고드는 듯했다. 두 눈에 눈물이 고였다.

클로드가 곁눈으로 나를 흘끔 쳐다보았다. 아마도 마법이 작용한 것을 보고 만족했을 것이다. 전율이 내 온몸을 스쳤다. 뭔지 말할 수는 없지만, '숭고한' 어떤 것과 연결됨을 느꼈다. 그러면서 힘과 열정이 나를 가득 채웠다. 나는 콘서트의 마지막 시간을 마치 구름 위에 떠 있는 것처럼 보냈다.

성당을 나오면서, 우리는 포도주 한 잔을 마시기로 했다.

"클로드, 조금 전에 이성을 잃고 마구 화를 내서 죄송해요. 그건 정말 잘못된 태도였어요. 당신은 나를 돕기 위해 할 수 있는 모든 걸 다 했는데, 그걸 잘 알고 있으면서도 그만……. 게다가 만약 내가 실패하더라도, 그게 당신의 잘못은 아닌데 말이에요."

"윈스턴 처칠이 이런 말을 했어요.

성공이란, 조금도 식지 않은 열정으로 실패를 거듭할 수 있는 능력이다."

"또 격언을 읊어대는군요."

"앗, 실례했어요. 난 그저 지금 사업 자금을 구하기 위해 동분서주하면서 겪는 것들이 절대로 실패가 아니라는 걸 강조하고 싶었어요. 그건 성공으로 향하는 우여곡절의 길에서 당연히 만나는 것들이에요. 내가 이 성당으로 당신을 데리고 온 것은 당신이 다시 한 번 열정의 힘을 느낄 수 있도록 하기 위해서예요. 믿음을 지켜야 해요! 자신감을 가져요. 난 당신을 믿으니까요."

"음…… 그게 그렇게……."

난 여전히 조금 주저하면서 투덜거렸다.

"자, 다시 출발하는 거죠?"

그가 내 얼굴을 빤히 바라보며 물었다.

난 잠깐 머뭇거리다가 고개를 끄덕이며 말했다.

"네, 다시 출발해야죠."

며칠 후에 포필리스 은행과 약속을 잡았다. 그 은행은 보수적인 금융계에서 소외된 소상인들을 지원하는 것으로 평판이 나 있는 곳이었다. 하지만 이번엔 실망하지 않으려고 아예 어떤 기대감도 갖지 않았다.

일주일 후, 집에서 전화 한 통을 받고 긍정적인 대답을 들었을 때, 어찌나 기뻤던지 기쁨의 비명을 지르기 위해 얼른 전화를 끊고 싶을 정도였다. 전화를 끊은 뒤에는 골을 넣은 스페인 축구선수처럼 티셔츠를 머리 위까지 올리고 "고오오오오오올!" 하고 소리치며 미친 사람처럼 막 달리고 싶은 심정을 가까스로 진정시켜야 했다.

난 마침내 새로운 삶을 위한 패스포드를 얻어냈다!

30

이 승리는 네 번째 연꽃을 받을 가치가 있었다. 연꽃을 받고 나자 목에 걸려 있는 보랏빛 연꽃에 나도 모르게 자꾸만 손이 갔다. 마치 그것이 행운을 부르는 부적이라도 되는 것처럼. 처음엔 내가 이렇게 변화의 계단을 계속 올라올 수 있으리라 믿지 않았다. 하지만 이젠 클로드의 방식이 제대로 작용했다는 것을 인정할 수밖에 없었다. 이로써 나는 운영 자금을 갖게 되었다. 드디어 내 아이디어를 구체화시킬 수 있게 되었고, 이를 위해 필요한 것들을 실행에 옮길 수 있게 된 것이다.

매장 개업은 6개월 후로 계획되었다. 그때까지 모든 것을 준비하기 위해 하루가 아쉬운 지경이었고, 몸이 열 개라도 모자랄 판이었다. 이따금씩 다중작업을 하는 생명공학 로봇으로 변신한 기분이 들 정도였다. 같은 시간에 여러 장소에 있어야 할 일이 자꾸만 생겼기 때문이다. 디자인도 해야 하고, 시제품도 만들어야 하고, 매장도 구해야 했다.

나를 도와줄 사람이 너무나 절실했다. 도저히 혼자서는 일을 진행할 수가 없었다. 그래서 이 분야에서 나를 도와줄 사람 네 명을 뽑고, 그들을 도울 조수도 여덟 명이나 구했다. 그들은 내 사업의 성공을 기대하면서, 이 사업이 공식적으로 출범할 때까지는 보수를 적게 받게 될 것이라는 조건도 흔쾌히 받아들였다. 우리 팀은 룩상부르그 공원에서 가까운 르고프 거리에 있는 한 상점에 자리를 잡았다. 크지는 않지만, 첫 시작으로는 충분히 넓은 곳이었다. 게다가 아주 매력적인 구조를 갖고 있었다. 대들보가 겉으로 드러나 있고, 천장이 높고, 빛이 많이 드는 가게 뒷방과 탈의실로 정비할 수 있는 지하가 있고, 코너에는 작은 주방까지 갖춰져 있었다.

아드리앵을 데리고 가서 매장을 보여주었다.

"엄마, 너무 멋져요!"

아이에게 가장 큰 관심사는 과연 엄마가 부자가 될 수 있을까 하는 것이었다. 아이는 엄마가 유명해지면, 우리 가족이 가질 수 있게 될 것들을 열거하면서 즐거워했다. 흥분으로 반짝반짝 빛나는 눈을 하고 있는 아이는 정말 귀여웠다. 태평함과 단순한 즐거움으로 채워진 유년기를 만끽하는 아이를 보며 나 역시 그 순간을 즐겼다.

'꿈꾸렴, 아들아, 마음껏 꿈꾸렴.' 나는 부드러운 미소를 지으며 속으로 혼잣말을 했다.

나는 또 최소의 비용으로 면과 마, 알파카 모와 야크 모, 그리고 대나무 섬유 등 자연섬유 소재의 기본 의류를 제공해줄 수 있는 파트너들을 찾기 위해 바쁘게 뛰어다녔다. 그리하여 마침내 주문한 재료들을 받게 되었을 때, 그 소재들을 사용하여 내가 만들게 될 옷들을 생각하며 감동에 젖어 오랫동안 옷감들을 쓰다듬어 보았다.

이렇게 창업을 준비하는 동안 나는 억제할 수 없는 창의적인 열정에 사로잡혔다. 잠자는 시간이 아주 적었는데도 이상하게 부작용 같은 것을 전혀 느끼지 못했다. 나 자신도 그런 내가 놀라웠다. 평소 같았으면, 잠이 조금만 모자라도 신경쇠약에 걸린 달팽이처럼 축 늘어졌을 텐데……. 주위에서 모두들 내가 약물이라도 복용하고 있는 줄로 착각할 지경이었다. 사실 어떤 의미에서는 그랬다. 나의 내면 깊숙한 곳에 감춰져 있던 소망들을 현실화하는 것이 어떤 영양제나 각성제로도 만들 수 없는 최고의 상태를 만들어 주었다. 나는 여태껏 이처럼 왕성한 에너지를 갖고 살아본 적이 결코 없었다.

31

클로드는 앞으로 쭉쭉 전진하고 있는 나를 아빠 닭처럼 지켜보며 따라와 주었다. 그리고 내가 완수해야 할 목표 리스트 중에서 아버지와 화해하기가 있다는 것을 자주 상기시켰다.

난 항의했다.

"클로드, 지금은 내게 그걸 요구할 시기가 아니에요. 보다시피 난 지금 당장 해야 할 일들로 하루하루가 꽉 차 있잖아요. 난 내 자신을 위해 단 1분도 쓸 시간이 없다고요."

"카미유, 그 반대예요. 지금보다 더 적절한 시간은 없어요. 그리고 당신은 이 일이 수년 전부터 머리에서 떠나지 않았고, 발톱의 가시처럼 당신을 괴롭히고 있다는 걸 분명하게 느끼고 있을 거예요. 왜 그 고통을 하루라도 더 연장시키려는 거죠? 이 상황을 종결짓고 나면 훨씬 더 위로가 될 텐데요. 새로운 카미유는 해결해야 할 문제들을 그냥 놔둔 채 어정쩡하게 있진 않을 거예요, 그렇죠?

"……하아, 알았어요. 언제 시간을 낼 수 있는지 한 번 볼게요."

그가 다른 때도 아니고 하필 지금처럼 바쁜 때에 그 일을 강요하다시피 하는 것에 짜증이 났다. 지금 그걸 꼭 해야 할까? 하지만 내 마음 깊은 곳에서는 그가 옳다고 말하고 있었다. 그렇다.

난 이 상황이 계속되도록 내버려 둘 수 없다. 용기를 내서 직면해야 한다. 나는 그 문제가 나를 찌를 때마다, 곧 잊힐 거라고 스스로 변명하면서 카펫 밑에 쓸어 넣어 감춰두곤 했다. 하지만 천만에 말씀! 그것은 몇 년간 끊임없이 내 정신을 은밀하게 갉아먹고 있었다. 마음 깊은 곳의 어둠 속에 웅크리고 앉은 후회와 뒤섞인 죄책감이 내 안에서 서서히 파괴공작을 행하고 있었다. 하지만 '나를 번식한 수컷'이라고 밖엔 표현할 수 없는 자를 어떻게 용서한단 말인가? 내가 제대로 걸음마를 하기도 전에 우리 모녀를 떠난 남자를…….

아버지를 마지막으로 본 건 6년쯤 전이었다. 내가 그에게 앙갚음을 하려고 했던 그 끔찍한 장면이 마지막이었다. 그날 나는 소련제 카라쉬니코프 자동소총을 쏘아대듯 비난의 말들을 거침없이 쏘아댔다. 아버지에게 단 1초도 해명할 기회를 주지 않은 채 오직 내 분노만 한없이 쏟아냈다. 그때는 분노가 마치 독처럼 내 모든 핏줄을 삼켜버린 상태였다. 나는 아버지에게 고통을 주고 싶어서 말을 멈추지 않았다. 성장을 멈춰버린 계집아이의 분노, 그것은 식탁도 엎을 수 있고, 의자도 부서뜨릴 수 있었다. 내 안에 있는 모든 검은 부분이 분출하는 화산처럼 솟구쳐 올랐다. 아버지가 부재했던 기나긴 시간 동안 쌓였던 부정적인 감정들이 모조리 표면 위로 올라왔다. 아버지에게 악의적인 말들을 쏟아냄으로써 우리 모녀를 떠났던 죄에 대한 대가를 치르게 하고 싶었다. 어째서 우리를 떠났는가? 내가 너무 귀찮게 하는 아기라서 견딜 수 없었던 걸까? 내가 두려움에 떨고 있을 때, 온몸에 열이 나며 아파했을 때, 당신은 어디 있었단 말인가?

불행하게도 나의 앙갚음은 안전핀이 뽑힌 수류탄처럼 내 얼굴 한복판에서 터져버렸고, 나는 내가 전혀 원치 않았던 결과에 이르고 말았다. 아버지와의 전면적인 결별, 단절.

내가 감히 화해의 손길을 내밀 생각조차 하지 못하고 있는 동안 몇 주, 몇 달, 몇 년의 시간이 흘러버렸다. 나는 아버지의 반응이 두려웠고, 더 두려운 것은 또 한 번 거절을 당하면 어쩌나 하는 것이었다.

시간이 흐르고, 뒤로 물러서서 거리를 두고 보니 아버지가 왜 가정을 떠났는지 이해할 수 있을 것 같았다. 난 그의 인생에 예기치 않게 뛰어든 하나의 사고였고, 그때 아버지는 너무 어렸다. 스물세 살의 그는 한 아이를 감당할 만한 성숙함도 의욕도 갖추지 못했을 것이다. 그럼에도 자신의 수입이 허락하는 수준에서 나의 어머니를 도왔고, 가끔씩 나를 보러 왔다. 그 드물고 귀중한 시간들은 내게 기억에 남을 만한 추억, 달콤한 솜사탕 같은 맛을 남겨주었다…….

이제는 행동할 시간. 아버지의 전화번호를 알아내기 위해, 벽장 한 구석에 있는 서류와 영수증 뭉치들 속에서 먼지에 쌓이고 귀퉁이가 찢겨나간 낡은 전화번호부를 한참 만에 찾아냈다.

거기에 있었다. 아버지의 전화번호…….

나는 수화기를 든 채 오랫동안 가만히 있었다. 심장이 뛰고 손이 축축해졌으며, 어떤 말을 해야 할지 몰라서 망설였다. 그러는 동안 입술이 바짝 말라버렸다. 마침내 번호를 눌렀다.

신호음이 울리더니, 아버지가 전화를 받았다.

"여보세요?"

"……."

"여보세요?"

"……아버지?"

"……."

용서는 과거를 잊게 하진 못하지만, 적어도 더 나은 미래를 보장해준다.

폴 보이즈가 말했다. 맞는 말이다.

나는 한결 가벼워짐을 느꼈다. 마치 내 신발에 껌처럼 들어붙어 질질 끌려오던 쓰레기들을 싹둑 잘라낸 것 같았다. 별다른 말을 나눈 것도 아니었다. 다만 내가 전화를 걸었고, 아버지가 전화를 받았고, 우리는 평범하고 짧은 통화를 했다.

제9장

서른아홉, 행복한 카미유

32

이상한 일이었다. 아버지와 통화를 한 이후로, 나는 부부 관계에서도 전에 없던 평온을 느끼게 되었다. 오래전부터 아버지의 행동과 남편의 행동을 뒤섞어서 생각해왔던 것일까? 아마 그럴 것이다. 나의 어머니가 아버지로부터 버림받았던 것처럼 나도 남편으로부터 버림받지 않을까 하는 두려움이 내내 나와 세바스티앵의 관계에 어두운 그림자를 던져왔던 것이다. 하지만 이제 그런 두려움은 끝났다. 더는 나의 과거가 현재로 침투하도록 내버려 두지 않을 것이다.

만일 남편이 다른 여자를 만나 떠나는 것이 운명이라면, 물론 그것을 막을 순 없을 것이다. 하지만 이젠 적어도 평온하게 받아들일 수 있을 것 같았다. 우리의 미래가 어떻게 되든지 그 일을 직면할 수 있는 힘이 내 안에 있다는 믿음이 생겼다. 이러한 확신은 내게 믿을 수 없을 만큼 큰 변화를 주었다. 난 이제야 비로소 남성이라는 성과 진정으로 화해하게 된 건지도 모른다.

어느 날 아침 향기로운 녹차 한 잔을 마시면서 오랜만에 여유를 느끼고 있을 때, 세바스티앵이 주방으로 들어와 편지 봉투 하나를 내밀었다.

"자, 당신에게 온 편지야. 우편함에 있던데."

안에는 짧은 편지 한 장이 들어 있었다.

목요일에 에스파스 밀에상 시엘 꼭대기 층에서 만납시다! 시간을 지켜 주세요. 정확하게 2시.

그럼 목요일에, 클로드

대체 이 남자는 또 무슨 꿍꿍이를 꾸미고 있는 걸까?

빵에 버터를 바르면서 흘깃흘깃 나를 살피던 세바스티앵이 빵을 입에 넣고 우물거리면서 물었다.

"또 일이야?"

"어? 응! 그렇지 뭐."

"사람들이 당신을 잠시도 쉬게 놔두질 않는군."

그는 약간 들떠 있는 것 같기도 하고, 진심으로 나를 걱정하고 있는 것 같기도 했다. 뭔가 애매한 표정인데 뭐라 설명할 수 없는 그런 표정? 어쨌든 난 그에게 다가가서 부드럽게 입맞춤을 하며 말했다.

"걱정 마. 염려 따위는 붙들어 매두세요, 서방님! 지금은 이렇게 정신이 없지만, 머지않아 당신도 결과를 보게 될 거야!"

"그래, 나도 그렇게 생각해."

목요일, 나는 잠시 사업 준비를 잊고 클로드와의 약속 장소로 향했다. 장소에 걸맞을 근사한 차림을 하는 것을 잊지 않았다. 덕분에 지나가던 몇몇 남자들로부터 휘파람 소리를 듣기도 했다. 얼굴이 붉어졌다. 너무 꾸몄나? 하지만 16구역에 있는 약속 장소를 눈으로 보고는, 이 옷을 입고 오길 잘했다고 생각했다.

에스파스 밀에상 시엘의 문을 밀고 들어선 순간, 숨이 멎는 것 같았다. 1층 홀 하나만으로도 동양식 궁전의 아름다움을 찬양하고 싶게 만들었다. 세련된 재질, 우아한 형태의 가구들이며 실내장식들, 미세하면서도 고급스러운 향, 영롱한 빛깔들……. 시간과 공간을 넘나드는 여행을 하고 있는 기분이었다. 얼마나 행복한지! 게다가 화려하면서도 품위 있는 샹들리에, 세월을 말해주는 고전적인 조명. 조금 걷다보면 두툼하고 폭신한 양탄자들이 아주 오래 된 마룻바닥을 덮고 있기도 하고, 장인들의 솜씨가 엿보이는 모자이크 바닥이 나타나기도 했다. 나는 그곳의 매혹적인 분위기에 완전히 사로잡히고 말았다.

하지만 진짜 미스터리가 남아 있었으니, 대체 무엇 때문에 클로드가 나를 이곳으로 불렀는가 하는 거였다. 꼭대기 층이라면 유명한 바가 있었다. 엘리베이터를 타고 올라가는데 심장이 쿵쾅거리며 뛰기 시작했다. 대체 이런 연출의 의미는 뭐지?

로비만큼이나 멋지게 장식되어 있는 바에 도착하자마자 그곳에 있는 사람들을 샅샅이 살펴보았다. 클로드처럼 보이는 실루엣은 보이지 않았다. 지각이라니! 슬며시 화가 났다. 난 이런 장소에서 혼자 기다리는 것을 몹시 싫어한다. 남자들은 이런 곳에 혼자 와 있는 여자의 의도를 아주 쉽게 오해하기 때문이다. 나는 초연한 표정을 지으면서, 자신감을 가지려고 애를 썼다. 그리고 몇 주 전부터 습관처럼 중얼거리는 주문을 외우기 시작했다. 나는 이자벨 위페르다, 나는 이자벨 위페르다…….

바텐더와 눈인사를 하며 세련된 바로 다가갔다. 옆자리에는 어떤 남자가 내게 등을 보이고 앉아 있었다. 재단이 아주 잘 된 푸른색 양복을 차려 입은 탄탄한 뒷모습이었다. 떡 벌어진 어깨가 근사하다고 생각하는 순간에 그 등이 천천히 뒤로 돌아섰다.

"이제 왔군!"

그 남자가 무장 해제된 해맑은 미소를 보이면서 말했다.

"어…… 아니…… 이게 대체……."

"당신만 놀라움을 선사할 줄 아는 건 아니란 말이지."

세바스티앵은 마치 귀중한 조각품을 다루듯이 두 손으로 내 얼굴을 감싸고 키스했다. 나는 이런 장소에서 키스를 하는 무례함과 몰상식에 불편함을 느끼면서도 그 달콤함에 흥분했다. 다행히도 바텐더가 다른 곳을 보는 척해주었다. 세바스티앵이 내게서 얼굴을 떼고는, 자신의 대담한 태도가 어떤 효과를 냈는지 관찰하기 위해 내 눈을 똑바로 들여다보았다. 오늘 나의 입술은 그의 바스티유 감옥이었고,

반짝이는 그의 눈길은 사랑의 혁명가를 부르고 있는 것 같았다.

내가 더듬거리며 말했다.

"어…… 어떻게 당신이."

"쉿! 당신의 클로드는 생각보다 훨씬 멋진 사람이더라고. 내가 이런 장면을 연출할 수 있도록 주저하지 않고 공모를 해줬지 뭐야. 당신에게 편지까지 써주고 말이야. 재미있지 않아?"

"클로드가? 하, 거짓말이라니. 하지만 결과가 너무 황홀해서 도저히 그를 원망할 수 없겠는데. 자, 그래서? 이렇게 바쁜 사람이 귀중한 시간을 희생하면서까지 왔는데, 이제 어떻게 할 거죠?"

"음…… 당신이 여기 온 걸 후회하지 않게 해줘야지. 긴장을 좀 풀고 편안하게 쉬면 내일부터 더 열심히 일할 수 있을 거야, 안 그래? 내 사랑하는 비즈니스 레이디?"

그는 우리 두 사람을 위해 기가 막힌 하루를 준비해 놓았다. 터키식 목욕탕, 사우나, 오일 마사지 등등. 우리는 마사지 전문가인 발리 여인들의 숙련된 손에 우리를 맡겼고, 그녀들은 머나 먼 곳으로 우리를 데려가 주었다. 내 몸 전체가 완전한 휴식을 취하는 내내 한 손은 세바스티앵의 손을 잡고 있었다. 그 부드러운 손의 감촉이 달콤한 휴식의 관능에 추가되었다. 마사지 룸을 나왔을 때, 나는 구름 위를 밟고 있는 기분이었다.

그 후에 우아한 샹들리에 밑에서 하는 저녁식사는 그 날의 절정이었고, 나의 모든 신경들을 곧장 열반에 이르게 해주었다. 하지만 가장 나를 황홀하게 한 것은 세바스티앵이 다시 예전의 눈빛으로 나를 바라봐주는 것이었다.

그것은 나의 목표 달성, 그 이상이었다. 내 간절한 소원이 이미 이뤄진 것이다!

33

세바스티앵이 선물한 휴식은 내게 활기를 주었다. 그것은 그야말로 행운이었다. 이후에 이어진 기간이 끔찍할 정도로 고생스러웠기 때문이다. 나는 불가능한 기일을 지켜야 했고, 탐욕스러운 공급자들과 협상을 해야 했으며, 아직 경험이 미숙한 팀을 관리하고, 파란만장한 행정적 절차들을 마무리 지어야 했을 뿐 아니라, 밤에는 디자인과 상품 제작을 하고, 낮에는 기획과 준비 작업을 해야 했다. 한 마디로 지쳐 쓰러지기 일보 직전이었다!

다행히도 난 특별한 지원위원회의 덕을 보고 있었다. 가족, 친지들과 친구들이 그들의 격려를 확실히 보여주기 위해서 작업실로 끊임없이 행진해 들어왔는데, 그것이 말할 수 없이 큰 힘이 되어주었다.

클로드, 나의 친애하는 클로드 역시 줄곧 지원을 아끼지 않았으며, 내게 언론 관계자들을 만나게 해주겠다는 약속까지 했다. 자기가 많은 사람들을 알고 있다면서. 그러니 적어도 한 가지는 내가 걱정하지 않아도 될 터였다.

그리고…… 드디어 그날이 왔다. 개업식!

매장은 사람들로 미어터질 지경이었다. 모든 손님들이 손에 샴페인 잔을 든 채 내 주위에 둘러서 있었다.

엄마는 감탄하는 눈길로 나를 바라보았다. 그리고 엄마 옆에는 특별히 이 날을 위해 와준 아버지가 흥분한 감정을 숨기지 못한 채, 그러면서도 은밀하게 내게 과도한 윙크를 보내기도 하고, 엄지손가락을 치켜들기도 하면서 나를 축하해주고 있었다. 부모님이 날선 무기들을 내려놓고 나란히 서서 오랜 친구처럼 다정하게 이야기를 주고받는 모습은 내 기쁨을 절정에 달하게 했다.

나의 유일한 실망이라면 클로드가 아직 오지 않은 것이었다. 결국 내 인사말을 듣지 못할 것인가? 모두 앞에서 그에게 진정한 감사의 말을 전할 예정이었는데……. 그는 또 무슨 계획을 짜고 있기에 아직 오지 않은 것일까? 그는 절대로 지각하는 사람이 아니었다. 그래서 막연하게 불안한 마음이 들었다. 나는 조금 답답한 마음으로 인사말을 하기로 했다.

마음을 가다듬고 사람들을 향해 말을 건네려는 순간, 갑자기 출입구 쪽에서 웅성거리는 소리가 들리는가 싶더니 한 무리의 사람들이 매장 안으로 들이닥치면서 장내를 소란스럽게 만들었다. 대체 무슨 일이 일어난 건지 알 수 없어서 가슴이 쿵쿵 뛰기 시작했다. 플래시가 번쩍번쩍 터지고, 외침 소리가 들리고……. 모세 앞에서 홍해가 갈라지듯이 사람들 사이로 길이 나면서 그 길이 점점 나를 향해 다가왔다. 그리고 그 통로로 깜짝 놀랄 만한 사람이 걸어오고 있었다. 장 폴 고티에! 패션계의 거장, 바로 그였다! 이어서 그 뒤로 아름다운 치아를 드러내며 나를 향해 환하게 미소를 짓고 있는 클로드가 나타났다. 기쁨으로 가득한 얼굴을 하고서! 자신의 깜짝 선물이 만들어낸 시끌벅적한 분위기와 탄성 소리에 행복해하는 모습이었다.

나는…… 너무 놀랐다.

창업이라는 사건은 내게 크나 큰 만족의 순간을 이미 몇 번이나 가져다주었다. 제일 먼저는 광고지와 명함이 준비되었다고 알려주는 인쇄업자의 전화를 받았을 때였다. 그리고 그 다음은 매장의 마무리 작업을 지켜보고 있을 때였다. 그 감동, 그 기쁨은 마치 화가가 자기 작품에 마지막 붓질을 하듯 완성에 대한 희열이 느껴졌다. 어찌나 감격스러웠던지 그때 난 남몰래 눈물을 흘리고 말았다. 그런데 지금…… 저기서 내가 상상할 수 있는 모든 것이 일어나고 있었다. 장 폴 고티에! 그 사람이 직접! 다른 어디도 아닌 바로 내 가게에 나타난 것이다!

난 나의 우상을 향해 떨리는 손을 내밀었고, 그는 그런 나의 손을 따뜻하게 잡아주었다. 나는 매혹적이고 신비로운 안개 속에 있는 것처럼 몽롱함 속에서 그의 말을 들었다. 그는 자신이 나의 사업 계획과 아이디어에 무척 매료되었으며, 그런 가게의 대부가 되었다는 사실이 행복하고, 자랑스러움을 느낀다고 그곳에 모인 모든 사람들에게 말했다. 클로드가 이 사업을 소개했을 때, 그는 나의 아이디어가 많은 사람들의 시선을 끌 수 있도록 미디어를 통해 자신의 이미지를 제공해주기로 선뜻 승낙했다는 말도 잊지 않았다.

그가 말을 이어갔다.

"카미유는 스타일리스트로서 매우 큰 재능을 갖고 있습니다. 그녀의 유아복들은 독창성을 지니고 있어요. 더욱이 임대 시스템을 통해서, 비싸지 않은 가격에 높은 품질의 독특한 옷을 제공한다는 것은 믿을 수 없을 정도로 기발한 생각입니다. 카미유, 정말 대단해요! 훌륭합니다! 브라보!"

나는 내 눈도, 내 귀도 믿을 수가 없었다. 장 폴 고티에가 나를 향해 열렬한 박수를 보내주다니! 그가 말을 마무리하는 동안 내 눈에 눈물이 차오르는 것을 느꼈다.

"만일 그녀가 나의 조언을 원한다면, 난 아낌없는 지원을 할 생각입니다. 또 그렇게 할 수 있다는 것에 대해 몹시 기쁘게 생각할 겁니다."

나는 행복했다. 많이 행복했다!

기자들이 우리 두 사람의 사진을 찍어대기 시작했다. 그리고 기사를 쓰기 위해 내게 질문 세례를 퍼부었다. 클로드의 놀라운 문제 해결 방식 덕분에, 내 아이디어가 전파를 타게 되었다. 이것은 작은 도움 정도가 아니라, 진정한 도약 발판이었다.

축제의 밤이 끝나갈 무렵, 클로드가 다가왔다. 난 조금도 망설임 없이 그를 두 팔로 끌어안았다. 난 그에게 너무나 많은 빚을 졌다.

"클로드! 당신이 날 위해 애써준 이 모든 수고에 대해 어떻게 감사해야 할지 모르겠어요."

"당신의 성공 덕분에 나도 무척 행복해요, 카미유. 당신이 자랑스러워요. 난 당신이 이런 성공을 누릴 자격이 충분한 사람이라고 처음부터 믿고 있었어요."

그는 이번에도 작은 상자 하나를 내밀었다. 황금색 리본이 달린 상자였다. 난 그 안에 무엇이 들어 있는지 금방 알아차릴 수 있었다. 검은 연꽃. 마지막 참.

촉촉해진 눈으로 그의 볼에 입을 맞추었다. 그리고 마지막 검은 연꽃을 이미 내 목에 걸려 있던 다른 연꽃들 옆에 걸었다.

"난 이제 가봐야 해요. 다시 한 번 진심으로 축하해요, 카미유."

떠나면서 그는 나의 손에 하얀 봉투 하나를 건네주었다. 난 그가 떠나자마자 봉투를 열어보았다.

거기엔 예쁘게 접힌 편지가 들어 있었다.

사랑하는 카미유,

당신과의 마지막 만남을 갖고 싶으니 허락해줘요. 당신에게 몇 가지 고백할 게 있거든요. 그러고 나면 난 당신을 위한 내 미션을 끝낼 거고, 당신은 옳은 길을 가고 있다는 확신 속에서 계속 당신의 길을 갈 수 있을 겁니다. 모레 오후 3시에 개선문 꼭대기에서 기다릴게요. 새로운 출발을 다시 한 번 축하하고, 멋진 밤을 보내시길 진심으로 바랍니다.

당신에게 헌신적인 클로드

34

클로드는 은유법을 사용하길 좋아했다. 우리의 미션을 마무리하기 위한 장소로 여기보다 나은 곳이 있을까 싶었다.

난 개선문에 가까이 가서, 벽에 새겨진 빛나는 승리의 순간들을 바라보며 감탄했다. 내 사업의 출발을 축하하고, 클로드가 보여준 탁월한 지도에 감사를 표하기 위해 이보다 더 나은 장소는 없을 것 같았다. 나는 무명용사의 무덤 옆을 지나가면서 턱을 조금 쳐들고 눈엔 자부심을 가득 담은 채, 나 역시 그곳의 꺼지지 않는 불꽃으로 온몸을 휘감은 느낌을 받았다.

개선문 꼭대기까지 올라간 나는 내 밑으로 보이는 삶을 관찰했다. 장난감처럼 보이는 자동차들, 점처럼 보이는 사람들……. 바람이 불어와 내 머리카락을 춤추게 했다. 나는 정복과 승리의 이야기를 간직한 이 장소에 떠다니는 자유와 야망의 입자들을 허파 가득 들이마셨다.

저쪽에 서 있던 클로드가 나를 발견하고는 두 팔을 벌려 인사했다.

"클로드! 다시 보게 되어서 정말 기뻐요."

"나도 그래요, 카미유. 자, 그날 밤의 흥분은 좀 진정이 되었어요?"

"그럼요. 그날은 정말 굉장했어요. 진짜 감사드려요. 장 폴 고티에라니! 꿈에도 생각 못한 일이었어요. 당신이 어떻게 그런 기적을 일으켰는지 아직도 몹시 궁금해요."

"아하! 그 제조법은 비밀이죠. 하지만 당신의 아이디어가 그의 마음에 들지 않았다면, 그가 당신을 만나러 올 이유도 없었을 거예요. 그러니 그 공로는 완전히 당신의 것이에요. 카미유, 이 건축물에 새겨진 조각들을 보았어요? 정말 훌륭하지 않아요? 난 우리 미션을 마무리하는 데 이보다 멋지고 적절한 장소는 없다고 생각했어요. 승리와 자유와 평화의 상징이 모두 여기 있잖아요. 그것들은 바로 당신이 삶 속에서 실행한 노력과 의지, 그리고 긍정적인 변화들 덕분에 얻어낸 것들이에요."

"당신이 없었다면 절대로 여기까지 오지 못했을 거예요."

"누구든 안내자나 다른 사람을 필요로 하는 순간이 있기 마련이에요. 난 당신을 도울 수 있어서 참 행복했어요."

우리는 그곳의 특별한 전경에 시선을 고정한 채 감동에 젖어 잠시 말이 없었다.

"카미유, 만일 점점 더 많은 사람들이 악순환이 아니라 선순환을 선택하게 된다면 어떨까요? 그때의 효과를 한번 상상해 보세요."

"맞아요. 내가 선순환 속으로 들어온 후로 얻게 된 만족감을 생각해보면, 정말 다른 세상이 될지도 몰라요. 당신은 내게 정말 많은 것들을 가르쳐 주었어요. 나를 위한 당신의 미션은 이제 끝났겠지만, 그래도 난 우리가 계속 만날 수 있으면 좋겠어요."

"……."

"클로드?"

그의 얼굴이 갑자기 어두워졌다.

"어쩌면 당신은 내가 지금부터 하는 이야기를 듣고 나면 더는 날 안 보려고 할지도 몰라요……."

"무슨 말이에요? 어떤 이야기인데요?"

"당신에게 비밀 한 가지를 털어놓으려고 하는데, 아마 그 이야기를 들으면 깜짝 놀랄 거예요."

"오, 갑자기 무서워지네요."

"그러니까……."

나는 그의 입술만 쳐다보았다.

"난 타성 치유 전문가가 아니에요."

"……?"

난 이해가 되지 않아서 가만히 그를 바라보았다.

"사실 난 건축가예요. 당신이 지난번에 보았던 우리 집도 내가 설계한 집이죠. 나의 꿈이었어요. 훌륭한 건축가가 되는 거요. 당신이 15년 전에 날 봤더라면……. 그때 난 길을 잃고 헤매는 낙오자였어요. 실의에 빠져 있고 뚱뚱하고 미래도 없는. 당시에 난 미국에 살고 있었어요. 피자집 웨이터로 일했죠. 그러면서 몸무게가 20킬로나 늘었어요. 아물지 않는 상처를 잊기 위해서 먹는 것으로 도피했던 거예요. 모든 게 잘못 끝난 사랑 때문에……."

클로드는 미처 말을 끝내지 못했다. 나는 그의 얼굴에서 그 이야기가 그에게 얼마나 고통스러운 것이었는지 읽을 수 있었다. 고통스러운 기억을 떠올리느라 경직된 모습으로 그가 말을 이었다.

"사랑했던 여자가 있었어요. 일생의 동반자로 생각했던 여자였죠. 그런데 그 여자와 갑작스럽고 고통스러운 이별을 해야만 했어요. 그래서 프랑스를 떠났어요. 그녀가 내 가장 친한 친구와 함께 내 곁을 떠났거든요. 그때의 배신감이 나를 완전히 땅바닥에 곤두박질치게 만들었지요. 그녀와 난 함께 건축을 공부했고, 공부가 끝나면 곧 결혼할 생각이었으니까요. 그런데 그녀와 헤어지고 나니, 그녀의 흔적이 남아 있는 곳에서 더는 살아갈 수 없더군요. 그녀를 잊기 위해서, 난 건축가가 되고자 했던 꿈을 포함해 모든 걸 다 떨쳐버리고 아주 멀리 떠나야겠다고 생각했어요. 하지만 막상 미국에 있어 봐도, 절망감은 점점 더 커지기만 했어요. 그때부터 완전히 될 대로 되라는 식이 되었고, 그러다 보니 엄청나게 살이 쪘지요."

그때 갑자기 떠오른 생각이 있어서 내가 외쳤다.

"그럼 그 사진 속의 남자가 당신이었군요!"

이번엔 그가 내 말을 이해하지 못했다.

난 무심코 그의 서랍을 열었다가 우연히 발견한 사진 이야기를 했다.

"그래요, 그가 바로 나예요. 옆에 있던 남자는 잭 밀러라는 친구인데, 그가 나를 돌봐주었어요. 지금의 내가 될 수 있도록 도와줬지요. 그가 없었다면 난 결코 건축 일을 다시 하지 못했을 거고, 나 자신을 신뢰하지도 못했을 거예요. 그는 나의 멘토였어요, 나의…… 타성 치유자였죠."

"네? 당신의 타성 치유자라고요?"

바람이 그의 희끗희끗한 머리를 공중에 날리게 했다. 그의 두 눈이 반짝거렸다. 그는 크게 심호흡을 하고 나서, 내게 모든 것을 고백하기 시작했다.

"카미유, 이제 당신에게 설명할 시간이군요. 타성 치유학이란 건 만들어낸 말이에요. 실제로 그것은 학문이 아니라 서로를 돕는 연쇄 구조랄까, 성공의 릴레이 같은 거라고 할 수 있어요. 타성 치유자로부터 도움을 받은 사람이 회복이 되고 성공의 길로 들어서게 되면, 이번엔 그가 다른 사람을 위한 타성 치유자가 되어서, 자신이 선택한 또 다른 사람에게 도움을 주고 자신이 배운 것을 전수하는 거예요."

"하지만…… 그건……, 그건 불가능해요. 그건…… 말도 안 돼요!"

"아뇨, 사실이에요."

"그럼 당신의 사무실은요? 당신의 비서는? 그리고 당신의 도움을 받아서 새로운 삶을 살게 되었다고 말했던 그 젊은 여자는요?"

"다 연출된 거예요. 실은 그 사무실은 내 건축 사무실이고, 비서인 마리안도 실제로 나의 비서예요. 난 그녀에게 이 모든 사실을 털어놓고, 그 역할을 해달라고 설득했어요. 첫날 고객인 것처럼 보였던 여자는 내 조카이고……. 난 당신이 내 사무실을 방문할 때마다 건축가라는 직업을 드러낼만한 것들은 모두 숨겼어요. 타성 치유학에 관한 가짜 서류도 몇 가지 준비했고요."

"그래서 당신 사무실에 건축 설계도가 있었던 거군요."

그가 말없이 고개를 끄덕이면서 내 반응을 살폈다.

"그렇다면 당신은 내게 코치 역할을 할 수 있는 실제적인 능력도, 합법적인 자격도 없다는 말인가요?"

그가 잔기침을 했다. 그가 침착함을 잃은 모습을 본 것은 이번이 처음이었다.

"그렇다고 할 수도 있고, 아니라고 할 수도 있어요. 예를 들어 당신처럼 훈련을 받고 새롭게 타성 치유자가 된 사람이 또 다른 사람을 성실하게 인도하는 식이니까요. 어쨌든 이 훈련이 당신에겐 성공을 거두었어요. 안 그래요?"

나는 그가 내게서 일종의 사면을 기다리고 있음을 느꼈다. 그러나 난 아직 그를 사면할 준비가 되어 있지 않았다. 우선 내가 이 모든 상황을 소화할 필요가 있었다. 그는 이런 나의 생각을 읽었음이 분명했다.

"당신이 지금 어떤 기분일지 내가 모를 거라고 생각하지 말아요, 카미유. 나 역시 잭 밀러가 타성 치유자가 아니라는 말을 들었을 때 너무나 충격을 받았어요. 확실히 이 방식은 고전적인 교육과는 다르지요. 정통적인 것도 아니고……. 하지만 수고할만한 가치는 확실히 있어요, 안 그래요?"

우리는 강렬한 눈빛으로 서로를 바라보았다. 짧지만 강렬한, 그리고 둘만이 이해할 수 있는 공모의 순간…….

나는 항복하고 말았다.

"네, 맞아요. 확실히 수고할 가치가 있었어요."

그가 다시 한 번 큰 숨을 쉬었다. 그는 미소를 지으면서 뭔가를 꺼내려는 듯 자신의 가방을 뒤적거렸다.

"자, 이제 당신은 이걸 받을 준비가 되었어요."

그가 두꺼운 노트 한 권을 내밀었다. 안에는 나를 위한 프로그램의 모든 단계들, 경험들, 훈련들, 가르침들이 빠짐없이 상세하게 기록되어 있었다. 짧은 논평과 도표, 사진, 계획서 등으로 가득 찬 페이지들을 훑어보며 감격했다. 얼마나 인상적인 기록들인가!

"당신을 위해 당신의 성장 과정 내내 모든 걸 빠짐없이 다 기록했어요. 이 노트는 훗날 당신이 선택한 사람에게 안내자가 될 때 꼭 필요한 귀중한 자료가 될 거예요. 당신이 선택할 사람은…… 당신은 눈빛 한 번, 말 한 마디만으로 당신을 꼭 필요로 하는 사람을 단번에 알아볼 수 있을 거예요."

"당신도 나를 처음 보았을 때 그랬어요?"

"그럼요. 내가 정말 안내자 역할을 하고 싶은 사람을 찾기까지 난 꼬박 4년을 기다린 걸요."

나는 그 말에 너무 놀라서 입이 딱 벌어졌다. 그리고 매우 기분이 좋아졌다.

그는 내 이름이 적힌 타성 치유 전문가 명함 한 묶음을 내밀었다. 뿐만 아니라, 내 미래의 상담실 벽에 붙이게 될 수많은 감사 편지들과 사진들, 그리고 위조한 서류철도 내밀었다. 완벽한 타성 치유 전문가를 위한 완전한 장비 한 벌이었다.

"부탁이에요. 이걸 받아줘요. 당신이 배운 것들을 이번엔 당신이 다른 사람에게 전해줘야 할 차례예요. 당신은 반드시 잘 해낼 거예요, 그렇죠? 당신은 타성 치유학의 연결고리가 끊어지도록 하지 않을 거죠?"

그의 목소리에는 간절함이 담겨 있었다.

나는 어리벙벙하고 혼란스러웠으나, 그의 눈빛이 끈질기게 나를 격려했다. 그의 눈을 보자, 우리가 함께 겪었던 모든 것들이 떠올랐다. 감동에 목이 메어왔다. 나는 팔을 내밀어서 그 자료들을 받아들었다.

35

앞 유리창에 부딪쳐 부서지는 빗방울들이 점점 더 굵어지고 있었다. 와이퍼가 삐걱거리며 유리창을 긁어댔다. 그러나 내 마음은 고요하기만 했다. 비가 와도, 먹구름이 하늘을 덮고 있어도, 도로가 꽉 막혀도……. 내 안에서 나는 완전한 평화를 느꼈다. 클로드의 말에 따르면 내 안의 모든 것이 잘 정렬된 것이다. 인생이, 바람의 소용돌이 속에서 어지럽게 흩날리는 잔가지들처럼 소란스럽게 느껴지던 시간은 이제 끝났다. 나는 매일매일 나의 내적인 자원에 끊임없이 감탄했다. 그리고 지금까지는 존재하는지도 몰랐던 어떤 힘에 내가 연결되어 있는 것을 느꼈다. 나는 모든 상황에 준비가 되어 있다는 생각이 들었다. 마침내 내 인생의 고삐를 잡는다는 것이 무엇인지도 이해했다. 난 무슨 일이 있어도 그 고삐가 내 손에서 빠져나가게 내버려두지 않을 것이다.

빨간 불이 켜졌다. 주위를 둘러보니, 줄줄이 서 있는 자동차 감옥 안마다 우울하고, 짜증이 섞이고 피곤에 지친 얼굴들이 있었다. 나는 창문을 내리고 목청껏 소리를 지르고 싶었다. 행복과 화해하기 위해 클로드가 사용했던 방법을 외치고 싶었다. 그러나 그렇게 하는 대신, 신호등이 파란 불로 바뀌기를 기다리면서 행복한 미소를 지었다.

드디어 파란 불! 나는 그 길에서 벗어나기 위해 부드럽게 내달렸다. 하지만 빨간 신호등을 무시한 자동차 한 대가 별안간 옆에서 튀어나와 내 차 오른쪽을 쿵 하고 들이받았다.

암전.

흰 불빛이 한순간 번쩍했다.

그리고 이어진 사이렌 소리.

오, 고마운 구조대. 그런 생각을 하고 있을 때, 누군가가 나를 자동차 안에서 빼냈다.

잠시 후에 나는 구급차 안에 앉아서, 서서히 충격에서 벗어나고 있었다. 그때 갑자기 한 여자가 나타났다. 엉터리 운전사. 그녀는 나를 덮치듯 다가와서는 눈물을 흘리며 사과의 말을 쏟아내고 용서를 구한 뒤에 자신을 저주하고, 자책하며 어쩔 줄을 몰라했다.

나는 끼어들지 않고 그녀의 말을 계속 들었다. 끼어들려고 해도 끼어들 수도 없었다. 해야 할 말이 있을 때는 꼭 해버려야 하는 법이다. 다행히도 우리 두 사람 다 몇 군데의 멍과 찰과상 외에는 아무 이상이 없었다. 그럼에도 불구하고 그녀는 사고를 일으켰다는 것 때문에 진정하질 못했다.

의례적인 조서와 경찰에서 하는 여러 가지 행정적 절차가 끝난 후, 우리는 차도를 터주기 위해서 자동차들을 갓길에 주차했다. 각자의 보험업자들이 와서 우리 차들을 견인해갈 예정이었다.

난 추위와 충격으로부터 벗어나기 위해서, 아직도 자책감에서 벗어나지 못하고 있는 그녀에게 견인차들이 올 때까지 뜨거운 코코아 한 잔 하러 가자고 제안했다. 그녀는 내가 자신에게 섬세한 관심을 보여주는 것에 감사를 하면서도 동시에 나의 호의를 의심하는 것 같았다.

그녀는 조금 전에 사과의 말을 쏟아냈던 만큼 이번엔 감사의 말을 쏟아내기 시작했다. 나는 그녀가 폭포수처럼 쏟아내는 말을 막지 않았다. 불쌍하게도 그녀는 정말로 몸도 마음도 한계에 이른 것 같았다.

나는 비엔나 코코아를 주문했다. 생크림 덩어리가 올라가 있는 뜨거운 코코아는 얼마나 위로가 되는지! 난 그녀의 아랫입술이 가늘게 떨리는 것을 보았다. 오랫동안 억제해온 속내가 금방이라도 봇물처럼 터져 나올 것임을 직감했다.

나는 그녀가 쌓인 응어리들을 토해내도록 격려하는 뜻으로 그녀의 팔에 가만히 손을 올려놓았다.

그리고 그녀에게 말했다.

"너무 걱정하지 말아요. 별로 심각한 사고도 아니잖아요. 보험업자들이 알아서 잘 처리할 거예요. 난 몇 달 전에도 차가 고장이 나서 그들의 도움을 받은 적이 있거든요. 그들이 다 알아서 할 거예요."

동요하는 그녀의 푸른 두 눈에서 굵은 눈물방울이 굴러 떨어지면서 둥근 얼굴을 적셨다.

"고…… 고마워요. 당신은 참 친절하시군요. 내가 당신 같았으면, 화가 나서 머리가 돌아버렸을 거예요."

"화를 폭발시키는 건 문제 해결에 전혀 도움이 안 되니까요."

"정말 너무 죄송해요. 난 요즘 도대체 내게 무슨 일이 일어나고 있는지 모르겠어요. 아무것도 되는 게 없어요. 항상 신경이 바짝 곤두서 있죠. 내 삶의 모든 걸 다 쓸어버리고 싶어요. 게다가 오늘은 정말 끔찍했어요, 정말, 너무했어요!"

그녀는 내 앞에서 울음을 터뜨리며 무너져버렸다. 그 모습을 보자 생각나는 것이 있었다. 내 심장이 쿵쾅거리며 빨리 뛰기 시작했다. 그 순간이 온 것일까? 어떤 감정이 북받쳐 오르면서, '이 여자가 바로 그 사람이야!' 하는 생각이 들었다.

과연 나는 그 과제를 수행할 수 있는 수준에 이르긴 한 걸까? 나도 모르게 커피숍 의자 위에서 자세를 고쳐 앉았다. 그리고 숨을 한 번 깊이 들이마신 다음, 외투 주머니에 손을 넣고 그 안에 있는 명함의 한쪽 끝을 만지작거렸다.

"이름이 뭐예요?"

내가 물었다.

"이자벨이요."

나는 그녀에게 내 작은 명함을 내밀었다.

"받아요, 이자벨. 아마 내가 당신에게 도움이 될 만한 때가 있을 거예요."

그녀는 의심쩍은 표정으로 내 명함을 받았다.

"나는 타성 치유 전문가예요."

"타성…… 뭐라고요?"

끌려다니지 않는 인생

초판 1쇄 인쇄 | 2016년 11월 28일
초판 1쇄 발행 | 2016년 12월 1일

지은이 | 라파엘 조르다노
옮긴이 | 김주경
펴낸이 | 곽동욱

펴낸곳 | (주)인터파크씨엔이(레드스톤)
출판등록 | 2015년 3월 19일 제 2015-000080호
주소 | 경기도 고양시 일산동구 호수로 672 대우메종리브르 611호
전화 | 070-7569-1490
팩스 | 02-6455-0285
이메일 | redstonekorea@gmail.com

ISBN 979-11-957935-4-9 03320

• 값은 뒤표지에 있습니다.
• 파본은 구입하신 서점에서 교환해드립니다.